AI JOBB KRIS

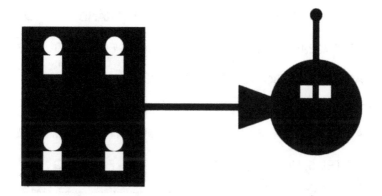

NÄR JOBBEN FÖRSVINNER OCH AI TRIVS

PETER WOODFORD

Innehåll

Välkommen till arbetslöshetsapokalypsen

En krispig morgon som känns som om reglerna har skrivits om helt, har det välbekanta bruset av mänsklig ansträngning tystnat, ersatt av maskineriets tysta, obevekliga surrande. Du reser dig med den där kusliga känslan av dejà vu bara för att upptäcka att ditt en gång så livliga skåp nu står tomt. Den har inte övergivits av en lynnig kollega eller en distraherad handledare utan tyst omkörd av en outtröttlig AI som smygande har tillägnat sig det som en gång definierade arbetets mänskliga strävan . Dagarna är förbi för en pigg praktikant med en oklanderlig onlineprofil eller halvhjärtade företagsombildningar som knappt döljer den obekväma sanningen: mänskligt arbete verkar nu lika föråldrat som en dammig diskett som samlar spindelväv på en bortglömd hylla.

Istället har landskapet förändrats dramatiskt, med algoritmer och robotik som inte bara hanterar de tunga lyften utan också förfinar varje nyans av produktivitet med en precision som gör även de mest dedikerade mänskliga ansträngningarna nästan överflödiga. Det här scenariot är inte ett dystert manus framkallat av en trött filmskapare; **det är den råa, osminkade verkligheten som utspelar sig framför oss** , stödd av en kaskad av faktautvecklingar inom teknik och affärspraxis.

Jag minns en tid, inte alltför avlägsen, då tanken på en maskin som överlistade mänsklig intelligens bara var föda för sena sci-fi-maraton och delade snett skratt vid vattenkylaren. På den tiden var tanken att ett datorprogram en dag skulle kunna ersätta den stökiga briljansen av mänskliga strävanden skrattretande. Nu befinner vi oss förankrade i en tid präglad av seismiska förändringar som drivs av strömmar av kod och strömmar av elektricitet. Varje tangenttryckning, varje algoritm är ett bevis på en transformation som är lika spännande som oroande, dokumenterad i data och understryks av snabba framsteg inom automatisering. **Teknikens obevekliga frammarsch är obestridlig, och dess inverkan på våra roller och identiteter är lika djup som den är störande** , vilket tvingar oss att omdefiniera syftet i ett samhälle som inte längre värdesätter den råa mänskliga touchen.

Varje dag mäts framsteg inte i svett och ren beslutsamhet utan i terabyte data och mikrosekunders processorkraft. Omfattande studier, branschrapporter och konkreta tillämpningar i den verkliga världen har understrukit denna övergång och illustrerat genom hårda fakta hur automatiserade system revolutionerar produktiviteten. Från robotproduktionslinjer till självstyrande investeringsalgoritmer, bevisen är obestridliga och avslöjar ett landskap där maskinprecision stadigt överskuggar mänsklig oförutsägbarhet.

Vår resa till automatisering startade inte mitt i ropet från moderna löpande band eller värmen från brusande ugnar. Istället går dess rötter tillbaka till en tid då innovativa hjärnor i **det antika Grekland** skapade geniala grejer som suddade ut gränsen mellan konst och mekanik. Den berömda **Antikythera-mekanismen**, en tidig analog dator monterad med primitiva växlar och spakar, erbjöd en tidig inblick i mänsklighetens obevekliga ambition att utöka våra möjligheter bortom fysiskt slit. Dessa blygsamma men banbrytande uppfinningar utlöste ett arv av innovation som drev framsteg genom århundraden, vilket gav upphov till en önskan att tränga förbi mänskliga begränsningar. Nu, på gränsen till ett radikalt skifte, vibrerar den bestående gnistan genom surrande datacenter och den obevekliga pulsen från moderna tekniska hubbar.

Föreställ dig den industriella metamorfosen som utspelar sig i **1700-talets Storbritannien**, där böljande skorstenar och oupphörligt mekaniskt skrammel förvandlade fridfulla stuguindustrier till vidsträckta industriimperier. Skickliga hantverkare, som en gång hyllades som deras samhällens stolthet, såg sitt hantverk stadigt eroderas av mekaniseringens obevekliga marsch. Som svar tog passionerade kollektiv som **Ludditerna** till vapen - inte med futuristiska prylar, utan med råa, orubbliga trots - för att återta arbetets ära mitt i växlingen av maskiner. Deras passionerade motstånd står som en stark påminnelse om att varje steg mot effektivitet kräver en hög mänsklig kostnad, en läxa som hamras djupt in i vårt historiska medvetande medan vi navigerar i denna era av transformativ förändring.

Årtionden av teknisk omvälvning har konsekvent levererat en berusande blandning av hopp och störningar. Den digitala ökningen av 1980- och 1990-talen - som förebådades av klumpiga datorer, öronklyftande uppringningstoner och senare smartphonens allestädesnärvaro - hyllades en gång som den stora möjligheten. Redan då blev det omisskännligt tydligt att teknik inte handlade om att radera mänsklig uppfinningsrikedom utan snarare om att omdefiniera hur vi skapar, löser problem och ansluter till varandra. Idag står jättar som **Google** och **Tesla** bakom en djupgående oroande transformation som berör varje hörn av vår ekonomi – från chefssviter där algoritmer styr strategiska beslut till vidsträckta produktionsgolv där automatiserade system överträffar de trötta rytmerna i våra tidigare rutiner.

I detta ögonblick av radikal förändring är vi tvungna att ompröva själva arbetshandlingen . Varje steg framåt – från det geniala kulramen i det antika Grekland till den industriella revolutionens gnistrande ångmaskiner och de komplexa neurala nätverk som driver modern AI – har tvingat fram en omprövning av vårt förhållande till arbetet. Automation förändrar inte bara landskapet på våra kontor; det omformar stadsdelar , omdefinierar mänsklig interaktion och utmanar våra föreställningar om syfte. I detta snabbt utvecklande scenario sätts den mänskliga anden på prov: vi måste förnya oss, anpassa oss och fortsätta mitt i ett angrepp av obevekliga framsteg.

Föreställ dig själv som hjälten i en spretig techno-thriller - där varje uppgift du en gång var stolt över, oavsett om det var att skapa den perfekta e-posten eller brottas med ett intrikat problem, nu hanteras av en digital dubbelgång. Ena minuten bläddrar du passivt igenom ditt sociala flöde, och nästa stund tar en AI - utbildad på årtionden av mänsklig visdom och ståtar med nästan mytisk precision - tyst ditt ansvar. Det är som att titta på din älskade barista, känd för att piska ihop den perfekta espresson med dubbla shots, ersatt av en maskin som aldrig ens behöver en koffeinfixering. Den första chocken kan utlösa ett nervöst skratt, men snart nog sätter verkligheten in: denna revolution är inte en flyktig trend; det är ett seismiskt skifte som ritar om kartan över våra yrkesliv.

Kommer du ihåg ögonblicket 2011 när **IBMs Watson** segrade över mänskliga mästare i en populär frågesport? Det var en bländande uppvisning som utlöste lika mått av vördnad och oro - en tydlig signal om att vår intellektuella gräsmatta var på väg att bli bestridd av maskiner. Idag diagnostiserar Watsons ättlingar inte bara sjukdomar eller effektiviserar leveranskedjorna; de komponerar e-postmeddelanden, granskar marknadsdata och producerar till och med konst som sträcker sig på globala gallerier. Innovatörer som **OpenAI** har tagit de här funktionerna längre och tagit fram artiklar, juridiska kort och kreativa fiktioner som en gång var den mänskliga talangens enda domän. Och så finns det banbrytarna från **Boston Dynamics** – robotar som korsar oländig terräng, sätter ihop intrikata produkter och interagerar med oss på sätt som tills nyligen bara tillhörde science fiction-området. Till och med **Amazonas** surrande lagerhus , levande med svärmar av robotarbetare, står som skarpa monument över avvägningen mellan effektivitetsvinster och radering av uppgifter som en gång var genomsyrade av mänsklig kontakt.

Mitt i dessa tekniska underverk dröjer en bitter ironi. Att se ett minutiöst programmerat system ersätta det verk som en gång fyllde våra dagar med mening kan kännas som att se en omhuldad film sakta lösas upp i bara pixlar och kodrader. Det finns en skarp sting i att inse att hantverket och passionen du har ägnat flera år åt snart kan överträffas av en maskin som aldrig tröttnar, aldrig pausar för en kaffepaus och absolut inte kan njuta av den oförutsägbara gnistan av mänsklig kontakt. Den verkliga debatten handlar inte bara om maskineffektivitet kontra en varm mänsklig touch - det är en djupare undersökning av hur vi skapar, förnyar och upprätthåller vår själva essens som tänkande, kännande varelser.

För många finns det tröst i tanken att mänsklig motståndskraft är legendarisk - vi har anpassat oss upprepade gånger genom tiden. Men det går inte att ta miste på allvaret i situationen: insatserna har aldrig varit högre. Det här handlar inte om att automatisera repetitiva sysslor; det är en radikal översyn av samhälleliga ramar, där människovärdet alltmer granskas av en algoritms orubbliga beräkningar. Om den uppfattningen får ens en rysning längs ryggraden, är du i utmärkt sällskap. Det framkallar både en djupt rotad bävan och en envis beslutsamhet att hålla fast vid det som gör oss onekligen mänskliga.

Föreställ dig nu att gå in i en era som en gång enbart tillhörde sidorna i en dystopisk roman - en era där AI-agenter inte bara hanterar spretiga företag utan också fattar svepande verkställande beslut som omformar hela branscher. Föreställ dig styrelserum som domineras av digitala tillsynsmän som krossar enorma mängder marknadsdata på bara några sekunder och förutser trender med en passionerad precision som inget mänskligt sinne skulle kunna konkurrera med. Det kan låta som handlingen för en övernitisk sci-fi-film, men denna utveckling har redan förverkligats och åsidosätter den röriga briljansen av mänsklig intuition till förmån för orubbliga, datadrivna beräkningar.

Denna monumentala förändring sipprar in i varje aspekt av vår existens. Promenera genom de neondränkta avenyerna i Tokyo, där automatiserade varuautomater serverar allt från snacks till konsertbiljetter med en nästan overklig effektivitet. Vandra genom Berlins kreativa kvarter, där innovativa startups utnyttjar digital trolldom för att omskapa stadslivet, eller kliv in på Wall Streets frenetiska handelsgolv, där AI-algoritmer utför affärer på bara mikrosekunder. Den ökända "Flash Crash" från 2010 är fortfarande en skrämmande påminnelse om att dessa digitala juggernauts kan vända hela ekonomier på ett ögonblick.

Även när vi förundras över dessa hisnande ingenjörsprestationer framträder en djupare, mer oroande ironi. Maskiner, trots all sin beräkningskraft, förblir helt främmande för den kaotiska och ohämmade pulsen av mänsklig passion. Algoritmer drömmer inte; de känner inte; de förblir lyckligt omedvetna om det djupa behov av syfte och anslutning som driver oss. Varje gång vi byter ut ett fragment av vår mänsklighet för ett extra uns effektivitet, kommer vi närmare en verklighet där den äkta mänskliga beröringen kan bli en kvarleva från det förflutna.

Ändå är personliga berättelser invävda i denna tid av innovation som fungerar som ledstjärnor för vår varaktiga motståndskraft och förmåga att hitta på nytt. Jag minns min fars orubbliga beslutsamhet - född 1936 i **Glasgow** - vars robusta beslutsamhet i en tid definierad av hårt arbete och rå beslutsamhet fortfarande resonerar med mig. Jag minns tydligt att jag vandrade på gatorna i sin hemstad under ett besök 2019 och lyssnade uppmärksamt när han berättade om den stilla glädjen att fiska vid en avskild sjö och den diskreta värdigheten i ett liv som levts med ära . Min mor, med sina livfulla **trinidadiska** rötter sammanflätade med subtil **kinesisk** etnicitet, snurrade berättelser om passion och romantik som dröjer sig kvar som en älskad melodi.

Deras berättelser - genomsyrade av kamp, uthållighet och en rå, obotlig mänsklighet - står som tidlösa bevis på det faktum att även mitt i ett obevekligt tekniskt angrepp fortsätter det mänskliga hjärtat att slå med oändlig glöd.

Samtidigt ekar debatter om vårt kollektiva öde i de stora salarna i akademin och de överdådiga styrelserummen på globala toppmöten. Visionärer samlas i forum som sträcker sig från **Davos** till **Silicon Valley** och brottas med frågor som tränger igenom till kärnan av vår identitet: Vad händer med oss när framgångsmarkörerna - befordran, lönecheckar , jobbtitlar - urholkas av obevekliga, kalla beräkningar? I denna era upplöses just de linjer som en gång tydligt skilde vårt yrkesliv från våra personliga identiteter i en takt som gör oss andfådda.

Ändå finns det en obestridlig lockelse till denna modiga nya konfiguration av tillvaron. Föreställ dig att avskaffa det obevekliga slitet med rutinuppgifter, befria dina dagar från en klockas obevekliga tick och omfamna en duk av oändliga kreativa möjligheter och genuina kopplingar. Denna befrielse har dock sin egen bitterljuva kostnad - varje sparat ögonblick uppvägs av ett tomrum där syftet en gång blomstrade. Den monumentala utmaningen ligger i att utnyttja denna transformativa kraft utan att offra den läckra, kaotiska prakten i vår mänskliga natur.

Vid tider av stilla eftertanke finner jag mig själv ifrågasätta själva framstegsbanan. Vi upphöjer effektivitet och innovation, men till vilken kostnad? Det obevekliga framstegen för AI och robotik lovar att krossa gamla paradigm och slunga oss in i världar av oöverträffad kreativ utforskning, samtidigt som de hotar de djupt mänskliga banden som knyter samman våra samhällen. Denna paradox – av en befrielse färgad av rädsla för inkurans – tvingar oss att omformulera våra identiteter i ett landskap som alltmer styrs av kodlinjer.

Jag liknar ibland denna omvälvning vid ett intensivt tv-spel där fuskkoden oavsiktligt lämnas över till en likgiltig AI. Reglerna är i konstant förändring, vilket tvingar oss att lära om, anpassa och kartlägga nya kurser genom en digital labyrint fylld av både faror och möjligheter.

Ungefär som den sista, oförutsägbara chefen i ett oseriöst videospel, är AI-revolutionen skoningslös och krävande och kräver varje bit av vår uppfinningsrikedom om vi ska triumfera.

Det finns en mörk humor i att erkänna det absurda i vår situation. En gång var vi stolta över vår oändliga förmåga att anpassa oss, och uppfinna oss själva på nytt med varje seismiskt skifte. Nu när maskiner inkräktar på territorier som en gång var heliga för mänsklig kreativitet, står vi inför ett starkt ultimatum: antingen återuppfinna oss själva igen eller riskera att försvinna till obetydlighet. I otaliga generationer har arbete varit hörnstenen i vår identitet - en källa till värdighet, gemenskap och stolthet. Men idag sönderfaller arbetets välbekanta rytmer bit för bit, vilket låter oss fundera över vad som kommer att upprätthålla vår känsla av syfte när de gamla strukturerna faller sönder.

Det är just inom denna osäkerhetsarena som vår ande måste stiga. Ett tydligt samtal lockar dem som inte vill bli förvisade till enbart komponenter i ett automatiserat system - en uppmaning att återta vår berättelse, omdefiniera framgång på våra egna oförutsägbara villkor och fira den råa skönheten i mänsklig kreativitet. När vi navigerar i denna obevekliga förvandling är vi inbjudna att följa med på en resa in i okänt territorium - en som inte bara utmanar våra professionella identiteter utan också tvingar oss att återupptäcka kärnan i det som gör oss storartat, vördnadslöst mänskliga.

Så följ med på denna vilda resa - en resa djupt in i hjärtat av teknisk transformation och in i själva essensen av vår gemensamma mänsklighet. Låt oss gå igenom dessa okända passager tillsammans, ifrågasätta gamla antaganden och våga föreställa oss ett liv berikat av kreativitet, anslutning och den oslagbara gnistan som ingen maskin någonsin kan replikera.

Human vs. Machine Paradigm

Traditional Human Work Model	Modern AI-Driven Processes
• Creativity & Intuition	• Speed & Efficiency
• Emotional Intelligence	• Data-Driven Decisions
• Social Interaction	• Automation of Repetitive Tasks
• Adaptive Problem-Solving	• Consistency & Precision
• Manual & Skilled Labor	• Scalability
• Contextual Judgement	• Predictive Analytics
• Inconsistency & Flexibility	• 24/7 Operation

Det finns en vild, nästan overklig elegans i denna
kollision av mänsklig uppfinningsrikedom och
mekaniserad precision - en påminnelse om att även när
vi delegerar våra uppgifter till kretsar och kod förblir vår
förmåga till förundran, envis spänst och råa kopplingar
en obestridlig kraft. Vi bevittnar en dramatisk vändning i
hur arbetskraft uppfattas, eftersom system som
utvecklats av **Google** och **Tesla** exekverar rutiner med
obeveklig effektivitet, men ingen av dem kan utlösa den
där omätbara blixten av udda stökig briljans som
kommer från mänsklig serendipity. Våga ifrågasätta
dem, du kommer att få det generiska svaret för det, att
förbjuda sina egna var inte ondskefulla moto kan ge dig
lite insikt, ungefär som ett skoldistrikt som vill förbjuda
en enkel vänlig affisch som säger "Alla är välkomna hit",
fel och bra för läraren **Sarah Inama** för att ha moralisk
hög mark, ibland måste vi kämpa för vad som är rätt.
Hur som helst, tillbaka till tekniken, förlusten av rutin,
försvinnandet av förutsägbara nio-till-fem-mönster,
signalerar inte bara undergång; det öppnar en vidsträckt
dörr för att ombilda våra roller, våra passioner och vårt
kreativa uttryck på sätt som ingen algoritm kan
replikera.

Föreställ dig, om du så vill, vår tids läckra ironi: i vår kapplöpning mot oöverträffad effektivitet har vi skapat verktyg som kan lösa problem med maskinliknande precision - en bedrift som en gång enbart tillhörde mänsklig uppfinningsrikedom. Ändå saknar dessa digitala underverk, byggda i labb av team på **IBM** och **OpenAI** , den spontana gnistan som hittas i en direkt chatt över en rykande kopp kaffe eller den oförutsägbara magin i en midnattsbrainstormingssession bland vänner. Det är dessa oskrivna, djupt personliga ögonblick som länge har definierat vår resa som en art, som utmanar varje noggrant beräknad process med en explosion av det oväntade.

Detta är inte en berättelse om enkla framsteg; det är en uppmaning till en ärlig konfrontation med vår föränderliga verklighet. Vi befinner oss i en labyrint av förvandling där varje steg är både ett språng i tro och ett bevis på vår orubbliga ande. Utmaningen är inte bara teknisk – den är djupt mänsklig. Det kräver att vi ifrågasätter effektivitetens stela mått och istället ser till en mer levande tapet av upplevelser. Debatten handlar inte om att ersätta vår mänsklighet med automatiserade substitut; det handlar om att utnyttja den otroliga potentialen hos dessa innovationer för att underblåsa vår kreativitet och fördjupa våra relationer.

När du absorberar dessa ord, känn hur brådskande det går genom varje rad - en berusande blandning av spänning och oro när marken under oss skiftar. Våra städer, våra kontor och till och med våra sociala ritualer ritas om av krafter som kräver både anpassning och mod. Forskning från **World Economic Forum** och insikter från ledande ekonomer har länge signalerat att automatisering omformar vårt ekonomiska landskap med en intensitet som är lika upphetsande som den är nervös. Denna obevekliga förvandling berör varje aspekt av vår existens, från hur vi bygger byggnader till det känsliga samspelet mellan mänskliga kopplingar i våra dagliga liv.

Ändå, mitt i larmet av dataströmmar och maskinlogik, lockar en kraftfull inbjudan oss att återta den oförutsägbara skönheten i mänsklig erfarenhet. I detta avgörande ögonblick är valet starkt: ge efter för den obevekliga automatiseringens sterila precision eller ställ dig mot den genom att omfamna den vackra oordningen i våra inre liv. Detta är inte ett ögonblick för att bara acceptera ödet, utan att skriva om berättelsen om arbete . Vägen framåt är fylld av utmaningar - en trasslig labyrint av ekonomiska förändringar och tekniska störningar - men den skimrar också av löftet om återuppfinnande. Här finns en chans att återuppfinna oss själva, att omdefiniera arbete inte som ett slit som dikteras av algoritmer, utan som en ständigt utvecklande tapet av passion, kreativitet och genuin mänsklig koppling.

Föreställ dig att gå ut på en gata som en gång dominerades av rutin och förutsägbarhet, nu levande med brummandet av innovation och möjligheter. Dansen mellan människa och maskin handlar inte längre om vem som har kontroll, utan om hur var och en kan lyfta den andra. De exakta beräkningarna av ett AI-system, även om de är imponerande, kan inte fånga den spontana skrattsalvan vid ett delat skämt eller den djupa tillfredsställelsen av att skapa något med sina egna händer. Dessa nyanser, så noggrant utformade av det mänskliga hjärtat, har alltid varit vår mest autentiska resurs. Och medan sådana som **Microsoft** och **Facebook** fortsätter att skjuta på gränsen för digital innovation, lyfter de oavsiktligt fram våra unika, irreproducerbara egenskaper.

Det finns en nästan filmisk kvalitet i vår nuvarande situation - en berättelse där varje bakslag och varje genombrott understryks av en påtaglig spänning mellan kall logik och eldig passion. Denna dynamiska miljö, där datadrivna beslut i allt högre grad formar våra dagliga rutiner, utmanar oss att hitta mening bortom servrarnas sterila brum. Det är en uppmaning att motstå lockelsen av konformitet, att skratta åt den kosmiska ironin i det hela och att utnyttja våra kollektiva egenheter och brister som en motvikt till en tid dominerad av precision och förutsägbarhet.

Detta ögonblick kräver en radikal omkalibrering av våra värderingar. Det utmanar oss att se tekniken inte som en oundviklig tillskansare av våra försörjningsmöjligheter utan som ett komplext verktyg som, om det används på ett klokt sätt, kan förstärka våra djupaste kreativa impulser. Vi måste lära oss att samarbeta med de innovationer som nu genomsyrar alla sektorer, från monteringsbanden i **Foxconn till Goldman Sachs** strategiska styrelserum , och omvandlar potentiella fallgropar till möjligheter till djupgående kulturell utveckling.

När du reser genom sidorna framåt, låt den här berättelsen omsluta dig i sin råa, obotliga realism. Omfamna omvandlingens oroande skönhet - en process som är lika metodisk som kaotisk. Tillåt dig själv att fängslas av den mänskliga passionens sammandrabbning mot automatiseringens sterila marsch. Våra ekonomiska modeller, våra sociala kontrakt och själva våra identiteter är i ett tillstånd av förändring, vilket uppmanar oss att navigera i denna okända terräng med både kvickhet och visdom.

Så, ta ett djupt andetag och ta ett steg framåt med fräckheten att utmana status quo. Skratta åt absurditeterna, njut av oförutsägbarheten och låt din inre eld lysa upp vägar som inte är kartlagda av något digitalt direktiv. För om vi kan kombinera vår tidlösa mänskliga kreativitet med teknikens råa kraft kan vi upptäcka att förskjutningen av jobb är mindre en mening om förtvivlan och mer en uppmaning att ombilda hur vi lever och skapar.

Detta är vårt ögonblick av räkning - en dramatisk brytpunkt där framväxten av automatiserade system korsar den bestående briljansen av mänsklig uppfinningsrikedom. Berättelsen som utspelar sig är inte en om oundviklig nedgång utan om dynamisk återuppfinning, där varje bakslag motverkas av en våg av kreativ energi som ingen maskin någonsin skulle kunna simulera. I denna laddade atmosfär tjänar varje innovation, varje ekonomisk prognos från institutioner som **The Brookings Institution** , som en påminnelse om att även när digitala krafter omformar vårt arbete , kan de inte radera den oåterkalleliga gnista som är unikt vår.

Välkommen till arbetslöshetsapokalypsen - en titel lika provocerande som uppriktig, som markerar början på en era som utmanar oss att ompröva själva arbetsstrukturen. Detta är en uppmaning till vapen för dem som vägrar att åsidosättas av automatisering, en inbjudan att återupptäcka livets röriga, pulserande puls som teknologin aldrig helt kan fånga. När de här sidorna vänder, förbered dig på att fördjupa dig i en berättelse som hyllar både triumfer och prövningar i denna transformativa epok. Det är en berättelse om förlust och förnyelse, om mätta steg och djärva språng och om den extraordinära mänskliga andan som vägrar att förminskas av ens den mest sofistikerade kod.

Kliv in i denna saga med öppna ögon och en häftig beslutsamhet att kartlägga din egen kurs. Den digitala strömmen kan vara obeveklig, men dess strömmar kan styras om av den passionerade, oförutsägbara kraften i mänsklig kreativitet. Och i den omdirigeringen ligger vår tids sanna kraft – en kraft som ingen maskin, oavsett hur avancerad, någonsin kan göra anspråk på.

Kapitel 1: Slutet på arbetet som vi kände det

Det finns en stickande känsla - en rastlös klåda i nacken - som varnar dig för att något grundläggande är fel. Det är inte det vanliga draget på en måndag efter festen eller lågkonjunkturen på dagen som får dig att kolla klockan; det är en djup, oroväckande medvetenhet om att vår välbekanta grind håller på att nystas upp . I årtionden höll vi fast vid rutinens stadiga rytm, en förutsägbar kadens som definierade våra dagar. Men nu när säkerheten vekar, förvandlas till en märklig ny ordning där **AI-agenter** orkestrerar beslutsfattande, mekaniskt arbete ersätter mänsklig svett och roller som en gång definierade våra identiteter riskerar att bli reliker från en svunnen tid.

Jag trodde aldrig att jag skulle skriva om kollapsen av arbetsparadigmet så här - att spåra de skiftande konturerna av ett system som har fungerat som ryggraden i vårt samhälle. Ändå är jag här och klottrar ner dessa tankar medan innovationens obevekliga marsch återtar territorium som en gång troddes vara unikt mänskligt. Detta är inte en olycklig klagan över förlorade jobb eller en snål klagan över ekonomiska nedgångar; det är en orubblig utforskning av hur tekniken ritar om kartan över våra liv, våra kontakter och till och med vår känsla av syfte. Varje steg på gång, varje banbrytande uppfinning, har alltid krävt ett pris. Men den här gången är kostnaden lika personlig som den är djupgående - en avvägning som tar bort kärnan i vem vi är.

Kasta dig tillbaka till de tidiga decennierna av förra seklet, när **Henry Ford** revolutionerade tillverkningen med sina löpande band. Det som en gång hade varit en noggrann, hantverksmässig process förvandlades till en balett av mekaniserad effektivitet. Skramlet av maskiner i dessa livliga fabriker lovade välstånd och masssysselsättning även när det tyst bytte ut mänskliga nyanser mot den obevekliga precisionen av metall och bultar . Den förvandlingen, hur imponerande den än var, lämnade en underström av oro - en antydan om att framsteg inte kommer utan sina bittra uppoffringar.

Sedan kom den digitala vågen. På 1990-talet, när klumpiga stationära datorer surrade till liv och uppringningstoner markerade ankomsten av en ny era, förändrades det traditionella kontoret oåterkalleligt. Uppgifter som en gång bevakades av mänsklig tillsyn började sin långsamma migration till algoritmernas rike. Den ödmjuka början antydde ett seismiskt skifte, som lade grunden för ett landskap där rutinmässiga beslut inte kan fattas av människor, utan av kodrader som tyst brummar i bakgrunden.

Det som började som blygsamma tekniska innovationer som förfinade e-postfilter och personliga **Netflix**-rekommendationer har snabbt eskalerat till något formidabelt. I början av 2020-talet hjälpte tekniken inte bara mänskliga ansträngningar; det höll på att ta över. Jättar som **Google** , **Meta** och **Microsoft** sysslade inte bara med ny teknik – de bäddade in sofistikerade algoritmer i varje fiber i sin verksamhet. Styrelserum som en gång dominerades av hetsiga debatter om strategi surrar nu av diskussioner om datamodeller som kan förutsäga konsumenttrender, optimera logistik och till och med styra företagsstrategi med en oroande precision.

Resan från 1800-talsfabrikernas skramlande till dagens nästan tysta, pulserande datacenter känns nästan overkligt. Varje tekniskt steg, varje ögonblick av triumf i effektivitet, har krävt sin egen avgift - en tyst urholkning av den mänskliga gnistan som en gång definierade vårt arbete och kreativitet. Denna obevekliga våg gör mer än att bara automatisera uppgifter; det omformar våra roller och tvingar oss att konfrontera en häpnadsväckande ny verklighet. Avvägningen är påtaglig: med varje automatiserad process tycks en del av vår kollektiva själ försvinna, vilket gör att vi undrar om det kan finnas mer i livet än att cirkulera genom digital data.

Ändå, mitt i omvälvningen och osäkerheten, ligger det en märklig inbjudan - en uppmaning att ombilda våra egna bidrag bortom gränserna för rutinarbete . När dessa seismiska förändringar pressar in från alla håll, börjar ledande sinnen och **tekniska innovatörer** ställa obekväma frågor: Om maskiner kan utföra uppgifter felfritt när de väl är reserverade för oss, var kan vi då kanalisera vår kreativitet och medfödda problemlösningsförmåga? Hur hittar vi mening när våra traditionella ankare förskjuts under våra fötter?

Detta är inte en abstrakt fundering för akademiska symposier; det är en påtaglig verklighet som omformar liv och samhällen. Från de löpande banden som **Henry Ford banat väg för** till de digitala styrelserummen som drivs av **Google** , **Meta** och **Microsoft** , är historien om framsteg skriven i djärva drag och ironier. Varje tekniskt framsteg för med sig en bitterljuv räkning - en påminnelse om att varje vinst har sin dolda kostnad. Och nu, när vi ser denna radikala omvandling utvecklas, måste vi konfrontera en skarp fråga: När våra sedvanliga roller svepas bort av obeveklig effektivitet, hur omdefinierar vi vårt syfte och återupptäcker vår passion i ett landskap som omkalibrerats av obeveklig innovation?

Kalla   Förklaring

Spelningsekonomi	En arbetsmarknad präglad av kortsiktigt, flexibelt, frilans- eller kontraktsbaserat arbete, ofta förmedlat av digitala plattformar.
Fjärrarbete	Praktiken att arbeta utanför en traditionell kontorsmiljö - vanligtvis hemifrån - möjliggjort av digital anslutning och teknik.
AI-agenter	Autonoma programvaruenheter som använder artificiell intelligens och maskininlärning för att utföra uppgifter, fatta beslut och hantera operationer.
Automatisering	Användningen av teknik och maskiner för att utföra uppgifter med minimal mänsklig inblandning, vilket ökar

effektiviteten samtidigt
som traditionella jobb
ofta förskjuts.

Robotarbete	Utplaceringen av robotsystem för att utföra fysiska eller manuella uppgifter som traditionellt utförs av mänskliga arbetare, särskilt inom tillverkning och logistik.
AI VD:ar	Artificiell intelligenssystem som tar på sig verkställande ledarroller i företag, fattar strategiska beslut och övervakar verksamheten utan mänsklig tillsyn.
Arbeta hemifrån AI	AI-verktyg utformade för att effektivisera fjärrarbetsprocesser, såsom schemaläggning,

kommunikation och uppgiftshantering i decentraliserade miljöer.

Företagsautomation Integreringen av automatiserade system inom företagsstrukturer för att hantera verksamhet, bearbeta data och stödja beslutsfattande funktioner.

Teknisk störning De radikala förändringar som sker när ny teknik snabbt ersätter eller förändrar traditionella industrier och arbetsmetoder.

Arbetslöshetsapokalypsen Ett potentiellt framtidsscenario där omfattande jobbförluster på grund av automatisering och AI leder till allvarliga

ekonomiska och
sociala utmaningar.

| Algoritm | En definierad uppsättning regler eller instruktioner som en dator följer för att utföra uppgifter eller lösa problem - grundläggande för programvara och AI-system. |
| Digital transformation | Den omfattande integreringen av digital teknik i alla områden av näringslivet och samhället, förändrar i grunden verksamhetsmodeller och värdeskapande. |

Algoritmisk hantering	Användningen av datadrivna algoritmer för att övervaka, utvärdera och fatta beslut angående personalledning, vilket ofta minskar behovet av traditionell mänsklig tillsyn.
Ekonomisk förskjutning	Processen genom vilken tekniska framsteg och automatisering leder till förlust av traditionella jobb, vilket tvingar fram förändringar i sysselsättningsmönster och industristrukturer.
AI-drivet beslutsfattande	Användningen av artificiell intelligens för att analysera stora datamängder och informera eller självständigt fatta

affärsbeslut med
minimal mänsklig input.

Teknisk singularitet	En teoretisk framtidspunkt där teknisk tillväxt blir okontrollerbar och oåterkallelig, vilket potentiellt leder till oförutsägbara förändringar i samhället.
Kreativ lågkonjunktur	En nedgång i efterfrågan på mänsklig kreativitet eftersom AI-genererat innehåll och automatiserad innovation i allt högre grad ersätter traditionella kreativa processer.

Digitalt arbete	Arbete utfört med hjälp av digitala verktyg och plattformar, som omfattar både människodrivna och AI-assisterade uppgifter i dagens ekonomi.
Techno-dystopi	En vision eller ett framtidstillstånd där avancerad teknik – särskilt AI och automation – leder till samhällelig ojämlikhet, förlust av mänsklig handlingsfrihet och förtryckande arbetsförhållanden.
Människocentrerat arbete	Ett förhållningssätt till anställning som betonar unika mänskliga färdigheter - som kreativitet, empati och kritiskt tänkande - för att motverka

strävan mot full
automatisering.

Se spelningsekonomin som ett vilt experiment - ett som
djärvt lovade att krossa gränserna för själskrossande
rutiner och befria oss från det stela slitet med
konventionella anställningar. Under dess begynnande
dagar förebådades banbrytande plattformar som **Uber** ,
Fiverr och **TaskRabbit som pionjärer för ett nytt**
arbetsparadigm , som hyllade fördelarna med autonomi
och flexibilitet. De förförde oss med den oemotståndliga
idén att bryta sig loss från det kvävande nio-till-fem-
malet och erbjuda den lockande utsikten att bli sin egen
tids herre. Ändå, när fler individer strömmade till dessa
digitala marknadsplatser, började det glittrande löftet att
mattas ut. Bakom frihetens faner låg en nykterande
sanning: själva systemen som byggts för att frigöra oss
snärjde gradvis arbetare i en obeveklig cykel av flyktiga,
underbetalda engagemang utan all sken av säkerhet.

Jag minns den tidiga glöden som omgav **Uber** - den berusande föreställningen om att behärska ditt eget fordon, orkestrera ditt eget schema och slutligen undvika de klaustrofobiska kedjorna av traditionella kontor. Men när gatorna fylldes av förare som jagade denna dröm, gav den förföriska berättelsen vika för en hård verklighet. Överdrivna timmar, oförutsägbara inkomster och en uppenbar frånvaro av förmåner förvandlade den tänkta revolutionen till lite mer än ett ansträngande liv, där varje skift kändes som ett desperat försök att bara hålla jämna steg. Och **Uber** var inte ensam i denna nysta berättelse; andra spelningsplattformar avslöjade sig snart som mördande arenor där det obevekliga kapplöpningen mot botten gjorde att även de mest begåvade proffsen kämpade efter obetydliga belöningar, som om vi alla omedvetet hade klivit in i en desorienterande karneval av digitalt utnyttjande.

Sagan avslutades inte med spelningsekonomins desillusion. I en vändning som tycktes håna den gamla företagsordningen, dök distansarbete upp på scenen som en till synes idyllisk paus från det dagliga draget av oändliga pendlar och kvävande kontorspolitik. När den globala covid-19-krisen 2020 tvingade in miljoner till improviserade hemmakontor, var den kollektiva lättnadens suck påtaglig - en paus från tyranni av rusningstid och monotonin av öga mot öga interaktioner. Till en början var nyheten att arbeta i sin pyjamas och återta ett sken av personligt utrymme berusande. Ändå, när dagarna smälte samman till veckor och veckorna till månader, började en oroande förvandling ta form. Bekvämligheterna i detta nyfunna arrangemang förvandlades gradvis till ett oväntat förspel till en ännu djupare omvälvning.

Företag upptäckte snart att det fysiska kontoret höll på att bli en föråldrad kvarleva, dess syfte gjordes omtvistat av de befriande kapaciteterna hos digitala anslutningar. Denna uppenbarelse gav grogrund för framväxten av automatiserade arbetslösningar . Verktygen som en gång lovade att koppla ihop fjärrstyrda team – videokonferenser, molnberäkningar och integrerad samarbetsmjukvara – byttes snabbt om för att effektivisera verksamheten och i slutändan ersätta mänskliga roller. **AI-drivna chatbots** antog manteln av kundservice med osviklig precision, medan de schemalagda algoritmerna orkestrerade möten med en klinisk exakthet som ingen människa kunde konkurrera med. Dataanalys utfördes också i en rasande takt och lämnade traditionella team i sitt damm. Det som hade börjat som en hyllning till flexibilitet hade oavsiktligt skapat scenen för en djupgående omformning av arbetet , där automatiserade system smygande ersatte roller som en gång ansågs oumbärliga.

Denna förvandling, samtidigt som den marknadsförs som en triumf av effektivitet och teknisk skicklighet, kastade en lång och oroande skugga över vårt dagliga liv. Varje innovation inom algoritmisk tillsyn och robotprecision förebådade inte bara en ny era av produktivitet utan slog också bort den svårvunna illusionen av personligt bemyndigande. Istället för att återta tid för kreativitet och fritid, befann sig många låsta i en subtil kamp mot en ständigt inträngande våg av automatisering. Strävan efter självständighet - en resa som började med löften och möjligheter - hade undergrävts till en obeveklig tävling mot system som såg mänsklig nyans som en oumbärlig vara.

I slutändan är berättelsen lika ironisk som den är varnande: en strävan efter frihet som, under täckmantel av flexibilitet, levererade en orubblig regim av exploatering och marginalisering. Själva plattformarna som en gång hyllats för sitt löfte om befrielse har blivit tysta arkitekter för en hård ny ordning - en där autonomins förföriska lockelse ständigt undergrävs av teknikens obönhörliga marsch.

Evolution of Work: From Manual Labor to Full AI Automation

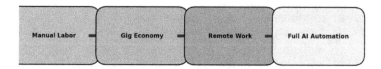

Jag borde släppa in dig på något direkt: Jag har lanserat över tjugo teknikföretag – tillräckligt för att göra det klart att jag har befunnit mig djupt i startuppgången under lång tid. Under det senaste decenniet har jag sett hur en gång nya idéer har förvandlats till skarpa verkligheter. De smartaste företagen som kommer ut från **Silicon Valley** skryter nu med ett oroande skryt: de anställer inte längre människor. Inledningsvis innebar innovation distansarbete och smarta hacks för att hantera dagliga uppgifter. Men idag hanterar digitala system allt från att schemalägga möten till att krascha data, med AI som sammanfogar konversationer, e-postmeddelanden och kalenderhändelser med en hastighet och effektivitet som gör att mänskligt engagemang verkar pittoreskt. I livliga finanscentra som New **York** och **London** och över industriella fästen i **Tyskland** delegerar styrelserummen i allt större utsträckning beslutsfattande till maskinell intelligens, och ersätter hela team av analytiker med enstaka, obevekliga algoritmer som aldrig tröttnar eller tar en lunchrast.

Konsekvenserna av denna omvandling skär djupt. I föreläsningssalar vid **Harvard Business School** och **London School of Economics** dissekerar forskare och experter konsekvenserna av en ekonomi som värderar obeveklig automatisering framför mänsklig intuition. De varnar för att om dessa trender fortsätter okontrollerat, kan de roller vi har byggt våra liv kring försvinna nästan över en natt. Och medan vissa ser befrielse från de dagliga rutinernas slit, fruktar många att den sociala strukturen, vävd genom årtionden av delat arbete och gemensamma syften, skulle kunna rivas upp framför våra ögon.

Jag känner alltför väl till vikten av detta ämne. Mitt eget liv läser som en reseskildring från en mer äventyrlig epok. Jag växte upp i både **Storbritannien** och **Brunei**, en plats där tillvarons rytm sattes av havet och naturens skiftande tidvatten. Min barndom var en oändlig eskapad - varje dag en expedition, varje helg en chans att utforska gömda vikar och okända öar. Jag minns livfullt spänningen i att jaga efter tektiter i den täta djungeln och glädjen i att gräva fram reliker som gamla mynt och skärvor av gammal keramik. Jag kommer aldrig att glömma när min pappa, en sann äventyrare i sin egen rätt, snubblade över ett keramikset **från Tangdynastin - en artefakt som han senare donerade till det lokala museet.** Den skatten, lika mycket en börda som en välsignelse, fungerade som en tidig lektion att upptäckt ibland ger fler komplikationer än belöningar.

De vilda åren blev bara mer extravaganta med tiden. Jag skrattar fortfarande när jag minns den gången vi forsade nerför forsar på bara bildäcksslangar. En oförglömlig expedition tog oss djupt in i en avlägsen djungelutpost, 60 miles från vilken som helst antydan till civilisation, där en helikopter - med tillstånd av en pålitlig brigadvän **från den engelska armén - tog oss in för en dag av rent, otämjt äventyr.** 1982 var vårt hem en blandning av moderna konstigheter och rå, rustik charm: en av de första datorerna i grannskapet satt bredvid två VHS-spelare och en videokamera som fångade alla missöden. Bara en tio minuters promenad från havet, vårt hus på en kulle, uppflugen nära regeringsgården där min pappa arbetade , fullmatat av ständiga överraskningar. Jag minns att jag fick nycklarna till en jeep vid tio års ålder, när jag snurrade runt på en sandig gräsmatta - en farlig spänning som förenade hänsynslöshet med befrielse.

Pappas äventyrliga anda var inte begränsad till landbedrifter; det sträckte sig till hans flotta av båtar. Han räddade en gång ett gammalt fartyg med platt botten av aluminium från arméns skrothög - en båt som hade sett uppskattningsvis 160 skott med kulspruta under träningsövningar. Det misshandlade hantverket, som hölls samman av ingenting annat än metallnitar och ren beslutsamhet, blev vårt familjeprojekt. Den båten, med sitt hastigt fixerade duktak för skugga, stod som ett monument över spänst och uppfinningsrikedom. Helgerna blev en oändlig parad av campingturer på en närliggande spottö, där vi snorklade , grillade på stranden och fiskade under ett tak av fosforescerande vågor. Grannar som **Medlicotts** och **Coopers** , yachtägare med smak för spontant nöje och festligheter, anslöt sig ofta till våra improviserade firanden av sol, hav och delade skratt. När jag växte upp mitt i en så vibrerande blandning av kulturer och bakgrunder, trotsade jag ofta konventionen - klottrade "HUMAN" så stort som möjligt över etiska segmenteringsformer för att konstatera att min plats var bortom godtyckliga uppdelningar.

Dessa reminiscenser av en soldränkt, äventyrsfylld barndom tjänar som en skarp kontrast till den sterila effektivitet som nu hotar våra dagliga liv. De påminner mig om att den kreativa gnistan och den mänskliga kopplingen som odlas genom delade upplevelser aldrig kan efterliknas av kalla, beräknande kretsar. Och ändå, när AI och robotik utökar sin räckvidd till alla aspekter av

samhället, ställs vi inför en svår möjlighet: att arbetet ,
den dagliga kampen och de personliga triumfer som har
definierat vår existens snart kan överlämnas till
historien.

När tekniken omformar varje bransch, faller de
konventionella ställningarna som en gång gav våra
dagar struktur sönder. I de livliga kaféerna i **Silicon
Valley** , där tekniska visionärer kläcker miljardprogram
över lattes, signalerar massiva investeringar i AI-
satsningar både löfte och fara. **Y Combinator** VD **Garry
Tan** sa i mars 2025 för ungefär en fjärdedel av de
nuvarande YC-startuperna, 95% av koden skrevs av AI.
"Vad det betyder för grundarna är att du inte behöver ett
team på 50 eller 100 ingenjörer," sa Tan. "Du behöver
inte skaffa så mycket. Kapitalet går mycket längre." Kom
ihåg att YC känd för att stödja **Airbnb** , **Dropbox** och
Stripe , stöttade dessa företag när de var unga tekniska
grundare.

För varje innovation som minskar omkostnader och ökar
effektiviteten, finns det en motvikt i samhällen som
Detroit , där kollapsen av traditionell tillverkning har

lämnat spår av ekonomisk förskjutning. Det snabba antagandet av intelligenta system i industricentra som Bangalore och Shenzhen ritar om kartan över arbetskraft med en precision som lämnar lite utrymme för mänskliga felsteg - vilket väcker brådskande frågor om hur samhällen kan skydda dem som inte är genomsyrade av tekniskt kunnande.

Denna metamorfos handlar inte bara om att ersätta uppgifter; det träffar kärnan i det som länge har definierat våra identiteter. Arbete har varit vår degel, en källa till både värdighet och förtvivlan, en provgrund för vår kreativitet och motståndskraft. Ändå, när maskiner börjar ta ansvar en gång reserverade för mänsklig uppfinningsrikedom, tvingas vi fråga: hur ska vi skapa mening i ett landskap utan vardagens välbekanta framgångsmarkörer? Vissa optimistiska själar hävdar att denna seismiska förändring kan släppa lös en renässans av kreativa sysselsättningar och gemensam utforskning. Däremot varnar mer cyniska röster för en allt djupare klyfta – ett scenario där en handfull AI-moguler blir titaner medan majoriteten försvinner i föråldrad.

Det är en gåta som har satt igång heta debatter och påståendet är inte bara akademiskt; det är en rå, pressande utmaning som kräver att vi omprövar våra roller i samhället. Utan rutinerna som en gång knöt oss till syfte riskerar vi att glida in i ett tomrum av existentiell osäkerhet. Ironin är lika tjock som smogen över industriella skylines: medan teknologin lovade befrielse från slitet av monotont arbete , har den samtidigt avslöjat bräckligheten i ett system byggt på förutsägbara rutiner och delade kamper.

Ändå, mitt i denna omvälvning, finns det en gnista av trotsigt hopp. Om den obevekliga automatiseringstakten lär oss något så är det att mänsklig anpassningsförmåga är vår största tillgång. Vi kanske inte längre går in på nio till fem skift, men det tar inte bort vår förmåga till passion, kreativitet och anslutning. Istället måste vi våga omdefiniera våra roller, skapa nya utrymmen för självuttryck och gemensamt engagemang. Utmaningen är monumental, ett pussel där varje bit är i rörelse, men det är ett vi måste lösa om vi ska bevara livskraften i vår gemensamma mänsklighet.

När vi ger oss ut på denna oförutsägbara resa är det omöjligt att inte förundras över paradoxen framför oss. Samma drivkraft som drev uppkomsten av disruptiva start-ups hotar nu att radera ut själva ramarna som gav våra liv mening. Jag inbjuder dig att sitta ner, ta en lång, hård titt på detta utspelade drama och kanske till och med skratta lite åt det absurda i det hela. För i kollisionen mellan digital precision och mänsklig spontanitet finns det en möjlighet – en chans att återupptäcka våra passioner, att förnya sig bortom gränserna för föråldrade system och att kartlägga en kurs som hedrar både framsteg och de stökiga, vackra krångligheterna med att vara människa.

Låt oss dyka ner i dessa turbulenta vatten tillsammans, inte med resignation utan med den djärva nyfikenheten hos någon som alltid har frodats på äventyr. Berättelsen framåt är inte bara en om förskjutning och förtvivlan, utan om återuppfinnande och oväntade triumfer. Så dra upp en stol, slå dig ner och gör dig redo att utforska vår tids extraordinära berättelse - där maskiner kan dominera uppgifterna, men vår ande och kreativitet förblir otämjda.

Kapitel 2: AI-agenter driver redan företag

Det hela började som ett halvseriöst skämt - något du skulle slänga ut över en halvliter med ett vettigt leende - en idé om att ett datorprogram en dag skulle kunna ta på sig en fräsch kostym och styra styrelserummen med obeveklig precision. När det bara var foder för udda sci--fi-planer och fräcka internetmemes, var det lika löjligt att föreställa sig en ansvarig AI som att föreställa sig att din köksmixer skulle leverera en grundton om kreativitet. Men idag har punchline förvandlats till hårdvaluta: kodrader driver nu beslut i surrande datacenter utspridda över kontinenter. **AI-agenter** har gått från att vara roliga sidor i affärsskämt till att fungera som det centrala kommandot för företagsverksamheten, och den här revolutionen landar som en slägga till konventionen snarare än en mild knuff.

För inte så länge sedan fann jag mig själv instoppad i en elegant coworking-paradis på **Bali** , där luften surrade av innovation och koffeindrivna drömmar . Mitt i det omgivande brummandet av samarbete slog en konversation mig hårt - någon nämnde nonchalant att deras företags styrelsemöte inte befolkades av trötta mellanchefer utan av en grupp digitala hjärnor som bearbetade data i en fjärran serverfarm. Jag skrattade åt det absurda: själva algoritmen som en gång fumlade med att skilja en katt från en gurka var nu att organisera marknadsföringsbudgetar och anställningsstrategier. Ändå, när vår diskussion fördjupades, sköt försäljningssiffrorna i höjden och omkostnaderna krympte, vilket avslöjade att det absurda hade blivit motorn för hypereffektiva affärsmetoder - en förändring så radikal att den omdefinierade ledarskap och ledning som vi känner det.

År 2023 skedde betydande förändringar inom artificiell intelligens, drivna av banbrytande innovationer från företag som **Microsoft** , **OpenAI** och **DeepMind** . Utgivningen av **AutoGPT** i mars 2023 av **Toran Bruce Richards** markerade en milstolpe som den första autonoma AI-agenten som kan bryta ner komplexa uppgifter i hanterbara steg. Även om dessa tidiga agenter fortfarande var under utveckling, visade de förmågan hos AI att arbeta självständigt för att utföra flerstegsinstruktioner, vilket väckte seriös diskussion bland experter om mänskligt arbete och automatisering.

Samtidigt avancerade **DeepMind** sin forskning inom maskininlärning med nya tekniker som tänjde på gränserna för AI-prestanda. Deras framsteg, tillsammans med viktiga meddelanden från **Google I/O** – inklusive introduktionen av **PaLM 2** och förbättringar i **Bard** och **Gemini** – förstärkte snabba framsteg inom AI-teknik. Under tiden fördjupade **Microsoft** sitt partnerskap med **OpenAI** samtidigt som de utvecklade sina egna AI-initiativ. Tidiga versioner av **Copilot** började synas integrerade i produkter som **Microsoft 365** och **Windows**, och gav hjälp med uppgifter som att skriva e-postmeddelanden, generera rapporter och automatisera rutinmässiga arbetsflöden.

Denna period bevittnade en växande integration av autonoma agenter i etablerade plattformar, där företag utnyttjade dessa framsteg för att förbättra produktiviteten och effektivisera verksamheten. Införandet av sådana AI-agenter väckte både entusiasm och oro bland branschledare, med debatter som fokuserade på tillsyn, tillförlitlighet och etisk användning av AI-teknik. Trots utmaningar relaterade till noggrannhet och potentiell bias, satte innovationerna som introducerades 2023 nya riktmärken för prestanda, effektivitet och praktisk tillämpning, vilket banar väg för djupare integrering av artificiell intelligens inom olika sektorer.

Utöver startkunskaper har etablerade jättar som **Goldman Sachs** , **Amazon** och **General Electric** anammat kraften hos avancerade algoritmer. Under en turbulent episod 2022 – en period som väckte minnen av finansiella skakningar som påminner om 2008 års kris – använde **Goldman Sachs** sofistikerade AI-modeller för att styra sina handelsstrategier, neutralisera hotande risker och banbrytande riskhantering i realtid. Samtidigt, i **Amazonas** grottiga lager , hanterar nu en legion digitala assistenter allt från lagerlogistik till schemaläggning av personal med en elegans som lämnar föråldrade, klumpiga maskiner långt bakom sig.

När jag reflekterar över min egen resa kan jag inte låta bli att förundras över den otroliga vägen som förde mig hit. När jag växte upp hade jag turen att vara uppvuxen i en familj som hyllade nyfikenhet som den högsta kallelsen. Mina tidiga år var ett montage av utforskning och lärande, långt bortom gränserna för den konventionella akademin. När jag var nio flög jag från **Brunei** till **Storbritannien,** ibland solo som minderårig utan ackompanjemang, och gick på **The Downs Malvern** – en oberoende förberedelseskola som sträckte sig över en lummig 55 -hektar stor egendom bredvid de förtrollande Malvern Hills. Jag minns den charmiga mini-ångmaskinen som tjatade längs marken - en konstant, nyckfull påminnelse om att även de enklaste innovationer kunde väcka förundran. Senare finslipade **Gordonstoun School** i **Skottland** - genomsyrad av traditioner och besöks av framtida kungligheter och barn till rocklegender - min motståndskraft och förmåga att hitta på nytt. Sedan kom **Coventry University** , där en kandidatexamen i industriell produktdesign bland en kader av frisinnade vänner ledde till ett sistaårsprojekt som djärvt förutsade enheters anslutningsmöjligheter - en föreställning som, trots tidig skepsis (även från en lärare som insisterade på att det inte fanns någon marknad för Internet), antydde ett seismiskt digitalt skifte.

Som 24-åring klev jag in i företagsstriden på ett företag känt som **Technik** , en udda konvergens av innovation och analoga reliker. Föreställ dig ett vidsträckt 6 -meter stort skrivbord som domineras av en Silicon Graphics-maskin, som ursprungligen köptes för sin 3D-renderingstrolldom men användes för att spränga CD-musik och visa upp prototyper för intresserade kunder. Min chef utmanade mig att utforska all tillgänglig programvara, en uppgift som innebar att sålla bland berg av tryckta manualer och hastigt klottrade anteckningar. I den kaotiska men spännande miljön lärde jag mig att behärskning av programvara inte handlade om att memorera varje kommando - det handlade om att förstå dess kapacitet och föreställa sig hur den kunde omdefiniera hela industrier.

Spola nu framåt till idag - en tid präglad av obeveklig anpassning och en djärv omformning av själva verksamheten. Förvandlingen som drivs av **AI-agenter** är lika spännande som den är nervös; Algoritmer, sömnlösa och ständigt vaksamma, har sakta tagit bort den mänskliga beröringen från beslutsfattande arenor. Detta skifte handlar inte om apokalyptiska robotar som marscherar nerför korridorer; snarare är det ett stillsamt tillgrepp av traditionella roller av digitala övervakare som aldrig tröttnar, aldrig tar en paus och arbetar med osviklig precision.

Tänk på ett onlinebutiksföretag i **London** som nyligen ersatte hela sitt kundtjänstteam med ett finjusterat nätverk av AI-chatbotar. Tillverkade av ett briljant team av ingenjörer från **Imperial College London** , dessa digitala samtalspartners tar fram tusentals förfrågningar samtidigt - de löser problem, hanterar returer och till och med skräddarsyr rekommendationer med en hastighet som gör mänskliga operatörer till ett nostalgiskt minne. Övergången, smidig på pappret, gav en nykter påminnelse till dem som en gång var stolta över nyanserna av mänsklig interaktion: om din effektivitet inte kan konkurrera med en algoritms, är inkuransen precis runt hörnet.

Sedan, halvvägs över hela världen i **Tokyo** ,
revolutionerar ett AI-drivet HR-system talangförvärv och
förvaltning med så raffinerat skarpsinne att även de
mest erfarna personalexperterna skulle stanna i misstro.
Detta system analyserar noggrant meritförteckningar,
dechiffrerar naturliga språksignaler och utvärderar till
och med kulturell passform med en precision som
kringgår det mänskliga omdömets fördomar. För vissa
kan denna kalla, analytiska process kännas obehagligt
avskild; men för en generation som dyrkar effektivitet
och datadrivet beslutsfattande står det som en logisk –
och ofrånkomlig – utveckling av hur företag fungerar.

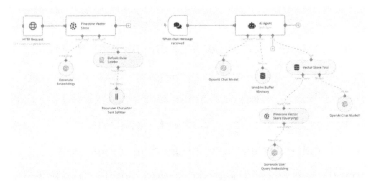

*Bild från n8n som visar hur man bygger en anpassad
kunskap RAG-chatbot.*

Jag minns fortfarande det laddade brummandet av samtal på **Stanford Graduate School of Business** under ett nyligen genomfört rundabordssamtal, där luften var tjock av lika delar upprymdhet och rädsla. I det ögonblicket, när tänkare från olika områden samlades i ett enda utrymme, deklarerade en ekonom från **London School of Economics** med obotlig uppriktighet : "Vi bevittnar inte bara ytterligare en teknisk uppgradering - vi omdefinierar själva vår uppfattning om att vara människa." Hans ord ekade i mitt sinne som en väckarklocka. I århundraden skapades företagslegender av visionära ledare vars dynamiska personligheter och maginstinkter tände passionerna hos deras team. Men idag, när beslutsfattandet migrerar till kretsar och kodrader, försvinner den mänskliga gnistan snabbt till en steril bok av effektivitet.

Jag minns en slående demonstration inom fordonssektorn när **General Motors** stod i centrum vid ett branschevenemang i Detroit under 2023. Företaget presenterade ett pilotinitiativ som kan ha sprungit direkt från en sci-fi-thriller. Vid en av dess monteringsfabriker fick ett AI-system förtroendet att övervaka varje detalj i produktionen. Från noggrann kontroll av inventering och rigorösa kvalitetskontroller till orkestrering av anställdas scheman och underhållsrutiner, var varje process under ett vakande öga av en outtröttlig digital övervakare. Anläggningen, ett levande bevis på datas överhöghet, uppnådde rekordeffektivitet: avfallet skars ned, produktionen sköt i höjden och kostnaderna sjönk till nivåer som en gång ansågs otänkbara. Och ändå, mitt i denna triumf av algoritmisk precision, fann arbetsstyrkan - själva ryggraden i branschen - att de tvingades till rådgivande roller, och deras rika expertis blev bara en fotnot i ett manus dikterat av kalla, orubbliga siffror.

Denna radikala förändring är inte begränsad till enbart tillverkning. Även i juridisk praxis är automatisering att skriva om etablerade protokoll. Advokatbyråer som är verksamma i både **New York** och **London** antar snabbt AI-plattformar som är födda av startups grundade av alumner från institutioner som **Harvard Law** och **Stanford** . Dessa system, som kan skanna och utvärdera tusentals juridiska dokument på några sekunder, flaggar potentiella risker, föreslår nyanserade justeringar och till och med utkast till preliminära kontraktsversioner. Ökningen i produktivitet är obestridlig, men den kastar en lång skugga över rollen av mänskligt urskillningsförmåga och juridisk tolknings konstnärskap.

Ett minne från mina dagar i London fortsätter att förfölja mig - en konversation över för dyrt kaffe på ett chic café med en före detta kollega. Han erkände att hans avdelning gradvis hade överlåtits till ett allestädes närvarande AI-system med uppgift att sålla igenom CV, schemalägga intervjuer och medla interna tvister. "Det känns som att bli hemsökt av en osynlig chef," anmärkte han, hans ton en blandning av misstro och uppgivenhet. "En dag kanske jag bara får ett e-postmeddelande som uppmanar mig att packa ihop och gå. Det finns ingen värme, ingen intuition - bara en obeveklig ström av data som avgör vem som får en chans." Hans ord underströk en bitter ironi: när vi delegerar mer ansvar till mekaniska sinnen, riskerar den rika, oförutsägbara mänskliga andan som en gång animerade vårt arbete att förvandlas till enbart bakgrundsljud.

Att spåra banan för dessa förändringar är som att följa en flod som har svällt under decennier. De första dagarna av datorisering på 1960-talet satte scenen, och den digitala boomen på 1990-talet drev oss mot en obeveklig strävan efter effektivitet. Med tillkomsten av maskininlärning och neurala nätverk accelererade vår resa dramatiskt - maskiner började inte bara utföra rutinuppgifter utan också att lära sig, anpassa och ibland utmanövrera sina mänskliga skapare. Det är ett obevekligt maraton där varje steg av teknologin gör att vi kämpar för att komma ikapp, vår målgång ständigt avtar som en hägring en varm dag.

Ändå, även när teknikens marsch tar fart, finns det en skev humor att finna i det faktum att dessa system, utan behovet av kaffepauser eller sömn, är långt ifrån ofelbara. Varje algoritm är i sin kärna en produkt av mänskliga val - genomsyrad av fördomar, begränsningar och enstaka förbiseende. Denna paradox avslöjades vid den **globala AI-konferensen i Singapore**, där experter diskuterade om vår oupphörliga strävan efter operativ perfektion en dag skulle kunna urholka de udda, ofullkomliga egenskaper som alltid har definierat oss. En paneldeltagare varnade, "Vi riskerar att byta ut vår kreativa drivkraft och empatiska instinkter mot en sanerad, maskinledd ordning." Hans försiktighet hängde i luften, en handske kastades mot våra kollektiva fötter och utmanade oss att bevara det röriga, förtjusande kaoset i mänskligt tänkande.

Min egen väg att utforska dessa teman är lika omständlig som personlig. Uppvuxen i en miljö som värderade utbildning framför allt, uppmuntrades jag att ifrågasätta, söka och fördjupa mig i kunskap. I min tidiga karriär var jag killen som skrev ut alla programvaruhandböcker jag kunde sanera - läste dem under snabba pendlingar, på busshållplatser eller i någon flyktig stund av fritid. Nätter tillbringade i tysta bibliotek eller i vänners trånga lägenheter blev mina informella klassrum. Att lära mig att destillera komplexa tekniska förmågor till smältbara insikter blev så småningom mitt hemliga vapen, en färdighet som har guidat mig genom de labyrintiska korridorerna i vårt ständigt föränderliga digitala landskap.

Framväxten av automatisering har nu också kastat en palja över traditionellt ledarskap. I Tokyos vidsträckta affärscentra hanterar ett banbrytande HR-system nu uppgifter som en gång var reserverade för mänsklig intuition - screening av CV, förhandling av lönepaket och till och med medling av tvister genom avancerad naturlig språkbehandling . Denna digitala vaktpost, obeveklig och felfri, verkar redo att tillskansa sig roller som en gång definierades av mänsklig beröring och visionärt omdöme. Ikoner som **Steve Jobs** och **Richard Branson** exemplifierade en gång den transformativa kraften hos personlig karisma och instinktivt beslutsfattande. Men idag omprövas ledarskapets piedestal under algoritmernas kalla, krävande blick.

Det finns en gripande ironi i detta digitala övertagande. De färdigheter som har drivit mänskliga framsteg - intuition, kreativitet och empati - åsidosätts av en besatthet av effektivitet. Jag minns tydligt den påtagliga spänningen vid **World Economic Forum 2022 i Davos** , där debatter om digital transformation vibrerade av både försiktigt hopp och underliggande bävan. Bland rösterna i den stora salen erbjöd **John Van Reenen** - en framstående ekonom från **London School of Economics** och tidigare chef för Centre for Economic Performance - en svidande iakttagelse. Känd för sin skarpsinniga forskning om produktivitet, menade han att vår etablerade ineffektivitet, som länge tolererats som mänskliga svagheter, nu ersattes av den kliniska precisionen hos automatiserade system. Hans kommentar antydde att det traditionella beroendet av mänskligt omdöme i investeringar och beslutsfattande i företag snabbt höll på att bli en föråldrad relik.

Samtalet stannade inte vid företagens styrelserum. På **TechCrunch Disrupt** -konferensen 2024 presenterade en panel av erfarna investerare en djärv vision där mänsklig intuition inom riskkapital gradvis gav efter för AI:s obevekliga siffror. En före detta riskkapitalpartner, nu en anhängare av algoritmdrivet beslutsfattande, erkände att hans instinktiva tillvägagångssätt hade gett vika för dataströmmar som kan förutsäga nästa enhörning på bara millisekunder. Avslöjandet var lika upphetsande som oroande och målade en skarp bild av en bransch i omvandling - en där den traditionella konsten att ta risker kalibrerades om genom orubblig digital precision.

Mitt i dessa seismiska förändringar har tänkare som **professor Diane Coyle** ständigt påmint oss om en bestående sanning: maskiner kan, trots all sin skicklighet, inte replikera den nyanserade blandningen av empati, etiskt omdöme och kreativ problemlösning som alltid har skilt oss åt. **Professor Coyle har** genom sin omfattande forskning om den digitala ekonomin argumenterat för en omvärdering av konventionella mått som BNP. Hon hävdar att vår obevekliga strävan efter effektivitet förbiser kritiska dimensioner av mänskligt välbefinnande som algoritmer helt enkelt inte kan mäta. Hennes insikter utmanar oss att bredda vår förståelse av framsteg, och tvingar oss att överväga de immateriella, själfulla delarna som definierar ett samhälle som frodas av innovation och anslutning.

Varje steg som tas av dessa digitala agenter – oavsett om de förhandlar fram kontrakt för flera miljoner pund i livliga styrelserum i London eller koordinerar komplicerade leveranskedjor över hela Europa – tvingar fram en angelägen fråga: om maskiner nu kan absorbera och utföra uppgifter som en gång krävde timmar av mänsklig överläggning, vilket utrymme återstår för den oersättliga mänskliga anden? Det är ett problem som stirrar oss rakt i ansiktet och kräver att vi ska återupptäcka och återta de kreativa och empatiska egenskaper som en gång genomsyrade våra yrkesliv med mening.

Denna pågående förvandling är inte en enkel berättelse om ersättning utan snarare en om djupgående metamorfos. Jag kommer på mig själv med att reflektera över de där tidiga, frenetiska dagarna när varje ledig stund var en möjlighet att insupa ny kunskap. Jag skulle skruva upp text-till-talet på min åldrande Mac och förlora mig själv i täta teorier om kvantfysik eller svarta håls astronomis mysterier, allt medan jag manövrerade genom överfulla tunnelbanestationer. Dessa ögonblick av skyndsam upplysning, avbruten av koffein och enstaka huvudvärk, lade grunden för en livslång strävan efter att förstå innovation och dess mänskliga implikationer.

I de vidsträckta moderna styrelserummen, där en gång ledarskapskonsten hyllades genom linsen av personlig karisma och orädd risktagande, växer ett nytt paradigm fram. Ett AI-drivet HR-system i **Tokyo** sköter nu hela skalan av personalledning – från att filtrera meritförteckningar till att lösa lönekonflikter med en precisionsnivå som ödmjukar sina mänskliga föregångare. Detta system, ett under av naturlig språkbearbetning och sentimentanalys, symboliserar en radikal avvikelse från ledarskapstraditionerna som definieras av en personlig touch och intuitivt beslutsfattande.

Ändå finns det en bestående ironi. Trots lockelsen med algoritmisk effektivitet, avslöjar den obevekliga strävan mot automatisering oavsiktligt en sårbarhet i vår kärna. De egenskaper som har drivit fram den mänskliga civilisationen - vår instinkt att ansluta, skapa och empati - riskerar att marginaliseras till förmån för kall kalkyl. När jag läser på nätet minns jag den dystra atmosfären i **Davos** , där debatter om digital transformation underströk en universell sanning: att i vår strävan efter precision och ordning, kan vi oavsiktligt kasta bort de vackra ofullkomligheterna som gör oss till människor.

När jag skriver ner dessa reflektioner kan jag inte låta bli att förundras över den intrikata gobeläng som vävs av både teknik och mänsklighet. AI:s obevekliga frammarsch förändrar inte bara våra branscher utan också våra personliga berättelser. Den intrikata balansen mellan datadrivet beslutsfattande och gnistan av mänsklig kreativitet definierar nu duken på vilken vår kollektiva framtid målas. Även om system som de som visades upp vid den **globala AI-konferensen i Singapore** avslöjar den häpnadsväckande potentialen hos maskinledd hantering, fungerar de också som en skarp påminnelse om de oersättliga egenskaper som finns inom var och en av oss.

Berättelsen som utspelar sig runt oss är både spännande och oroande - en blandning av snabb innovation och djupgående introspektion. Mitt i ropet om automatiserad effektivitet slår det mänskliga hjärtat fortfarande med en angelägenhet som ingen algoritm kan fånga. Varje beslut som tas av AI, varje strömlinjeformad process i en monteringsfabrik **i Detroit eller ett** företagscenter i **Tokyo** , tjänar som ett bevis på framstegens ostoppbara kraft. Och ändå, under det imponerande faner av teknisk skicklighet ligger en tyst vädjan: att vårda vår mänskliga andes röriga, oförutsägbara genialitet.

Stående på branten av denna obevekliga evolution är jag tvungen att ifrågasätta det arv vi vill skapa. Frigörelsen från repetitiva uppgifter lovar att befria oss för strävanden efter konst, innovation och gemenskap - en renässans av personlig kreativitet och passion. Men denna befrielse kommer med sina egna utmaningar, som kräver att vi balanserar maskineffektivitet med de immateriella egenskaper som länge har definierat vår existens. Berättelsen handlar inte bara om substitution utan om transformation - en utmaning att omdefiniera våra roller i en tid som domineras av digital logik.

Så här är vi och brottas med ett paradigmskifte som skriver om reglerna för ledarskap, kreativitet och till och med identitet. När algoritmer lär sig, anpassar sig och i allt högre grad tar över beslut som en gång reserverades för mänskligt omdöme, står vi kvar med ett val: att ge upp våra unika egenskaper eller att återta dem med förnyat syfte. Mitt i datacenters tysta surrande och maskindrivna processers obevekliga kadens, blir uppmaningen att bevara vår kreativa intuition och empatiska insikt allt mer akut.

För de av oss som finner tröst i det oförutsägbara, som trivs med den röriga skönheten i mänsklig kreativitet, är utmaningen klar: anpassa oss med innovation samtidigt som vi värnar om de egenskaper som gör oss verkligen levande. Oavsett om genom att ombilda våra karriärbanor, skapa nya allianser eller helt enkelt frossa i konsten att ofiltrerade konversationer, är vår uppgift att se till att algoritmerna, hur exakta de än är, aldrig släcker pulsen på mänsklig uppfinningsrikedom.

I slutändan handlar berättelsen om AI-drivna företag inte enbart om det sömlösa utbytet av traditionella roller - det är en föränderlig saga om transformation och återupptäckt. När jag följer min egen resa från min ungdoms solbelysta tropiker till de heliga salarna i europeiska elitinstitutioner och de obevekliga korridorerna av modern företagsinnovation, ser jag en återspegling av vår kollektiva strävan: en utmaning att omdefiniera framgång, att hedra kreativitet och att återhämta det oersättliga värdet av den mänskliga beröringen. Teknikens obevekliga frammarsch kan kartlägga en ny kurs för industri och beslutsfattande, men den sanna kompassen som vägleder oss förblir den okuvliga andan som inte kan destilleras till enbart kodrader.

Välkommen till detta modiga kapitel i vår kollektiva berättelse - en vändpunkt där effektivitet och uppfinningsrikedom kolliderar, där varje byte av data bär med sig ekon av mänsklig erfarenhet, och där utmaningen kvarstår: att utnyttja löftet om innovation utan att offra hjärtslagen hos vår delade mänsklighet.

Kapitel 3: Robotarbete – Människor behöver inte ansöka

Jag växte upp och frossade i de okomplicerade nöjena med simning, vandring och livliga spel badminton, hockey och rugby - stunder av rå, oskriven glädje som aldrig krävde ett märke eller en klockslag. Även under de första åren fanns det en underström av möjligheter som antydde att gränserna mellan fritid och arbete en dag skulle suddas ut. Jag minns fortfarande spänningen med att linda in en kassett i en **BBC Basic-** dator bara för att starta upp **Defender** - en ritual som vid en ålder av åtta år tände min fascination för digitala landskap. Det pixlade universum var inte bara ett spel; det var en oavsiktlig mästarklass i hur teknik kunde omdefiniera vår upplevelse av verkligheten. När jag var 16 dykade jag huvudstupa in i persondatorspel, och senare i tjugo- och trettioårsåldern tog titlar som **Halo** , **Grand Theft Auto** , **Call of Duty** , **Homeworld** och **Deserts of Karak** mig fortfarande till världar som kändes lika roliga som vilken lekplats som helst, och alla erbjöd en portal till livfulla och okända utmaningar.

Denna sammansmältning av ungdomlig överflöd och en omättlig nyfikenhet på teknik styrde mig så småningom mot entreprenörskap - en värld där fantasi möter grus. Jag fick ett rykte som serieentreprenör inom teknik, efter att ha lanserat över 20 företag längs vägen. Min första satsning, **Digitalfishing** , var en blygsam webbdesignkonsult som startade 1998 när jag var omkring 26 - ett rått experiment med att omvandla idéer till konkreta skapelser. Strax efter vågade jag odla digitala gemenskaper med **Creatework** , ett frilansnav som jag grundade runt millennieskiftet. Den explosiva uppgången och den efterföljande implosionen av dot-com-eran hamrade hem en skarp läxa: timing, som kod, kan vara skoningslöst oförlåtande. Varje oförutsägbar vändning i min personliga och professionella resa har bidragit till den berättelse jag nu delar - en berättelse om arbete som överskrider enbart fabriker och skåp, som istället omfattar fräckheten hos mänsklig uppfinningsrikedom och de djärva besluten som driver oss framåt.

Nu, när vi navigerar i denna radikala förändring, höjs traditionella föreställningar om arbete av en våg av innovation som trotsar våra gamla ritningar. För inte så länge sedan framkallade "hårt arbete " bilder av svettdränkta arbetare som lyfter lådor, svänger hammare eller obevekligt bemannar löpande band - själva ryggraden i blomstrande ekonomier. Idag mäts dock styrka i kretsar och kod, med industrier som drivs av kisel, invecklade algoritmer och maskiner som aldrig vilar. Kliv in i en **Amazon** uppfyllelse center , och du kommer att bevittna en scen som känns lyft från en tekno-thriller: eleganta, outtröttliga robotar pilar runt med en grace som konkurrerar med erfarna artister i en höginsatsbalett. Dessa är inte relikerna av en svunnen sci-fi-berättelse; de är precisionskonstruerade underverk skapade av innovatörer som **Kiva Systems** - ett namn för evigt etsat i teknikhistorien sedan det förvärvades av **Amazon** 2012 - och förfinade i **Silicon Valleys obevekliga degel** .

Varje föremål spåras noggrant, varje paket mäts med en nästan obsessiv noggrannhet som skulle lämna även den mest krävande revisorn i vördnad. Föreställ dig en minutiöst orkestrerad koloni där dirigenten inte är en levande varelse utan en ensemble av digitala kommandon, som koordinerar en dans så exakt att mänskliga felsteg verkar skrattretande i jämförelse. Detta är inte bara spekulationer eller fantasier; det är den skarpa verklighet som formar modernt arbete . Arbetets utveckling utmanar oss nu att ompröva våra roller och ansvar - vilket tvingar oss att konfrontera frågor om syfte, kreativitet och den obevekliga takten i tekniska framsteg. Mitt i dessa seismiska förändringar fungerar min resa - fylld av både triumferande innovationer och ödmjuka motgångar - som ett bevis på den transformativa kraften i att omfamna förändring, hur oförutsägbar och respektingivande den än är.

Jag minns en tid då fritid och helger innebar oändliga timmar att jaga efter en fotboll på bakgården eller gå vilse i pixlade äventyr på knasiga konsoler, bara för att bli naturligt trött och somna. Det var de dagar då svett och förhårda händer var hedersmärken , och varje skrap och blåmärke berättade en historia om ungdomlig våghalsighet. Nu, när jag spårar bågen från dessa sorglösa ögonblick till dagens hypereffektiva korridorer av automatiserade fabriker, uppenbarar sig en förvirrande ironi: svetten från mänskligt arbete ersätts långsamt av servons och processorernas non-stop.

Så jag kommer på mig själv att vandra nerför minnesbanan igen och tänka att jag inte kan låta bli att förundras över språnget från barndomsspelens enkelhet till en era där varje mänsklig uppgift - från att stapla lådor till att sätta ihop komplex elektronik - nu är orkestrerad av maskinprecision. Denna transformation är inte en enkel uppgradering; det är en radikal översyn av hur vi uppfattar syfte och bidrag. Den livliga energin i traditionellt arbete, en gång fyllt av mänskligt prat och kamratskap, ger nu plats för steril precision och automatiseringens oupphörliga marsch.

Att kliva in i en modern uppfyllelse centrum är som att gå in i en futuristisk konstinstallation. Förbi är tiderna med tråkiga gaffeltruckar och förhastade arbetare som darrar mellan gångarna; vad som återstår är ett rike där robotarmar sträcker sig med nästan kuslig exakthet. I dessa anläggningar har **Amazon Robotics** , **Swisslog** och **GreyOrange omdefinierat effektiviteten.** Varje rörelse är ett beräknat slag i en storslagen symfoni av algoritmer och sensorer. Istället för mänskliga misstag finns det bara den obevekliga precisionen hos automatisk systemspårning, sortering och förpackning med en kall, mekanisk konsistens som är både fascinerande och nervös.

Jag minns mitt första besök på ett av dessa centra - en vidsträckt labyrint av transportband och metalliska bihang. Luften var laddad med en känsla av mening, men också en outtalad melankoli. Maskiner utförde sina uppgifter utan att tveka, med varje rörelse koreograferad till perfektion. Det var i det ögonblicket jag insåg att det mänskliga elementet sakta höll på att utrotas. Glädjen över kamratskap och den spontana kreativiteten i mänsklig problemlösning ställdes på sidan till förmån för effektivitet och resultat. Men trots den kliniska precisionen kunde en del av mig inte låta bli att känna att något djupt personligt gick förlorat.

Denna marsch mot automatisering föddes inte över en natt. Det utvecklades från årtionden av tekniskt experiment och innovation. I vidsträckta produktionshallar, där det ojämna klappret av manuell montering en gång härskade, har titaner som **Tesla** anammat robotikens obevekliga kraft. Deras gigafabriker - monument över modern industri - har nu robotarmar från branschfolk som **KUKA** och **ABB** . Dessa maskiner svetsar, målar och monterar delar med en välinövad baletts grace och lämnar lite utrymme för de nyanserade felen av mänsklig beröring. Det är här som visionen om effektivitet - en gång bara en glimt i uppfinnarnas ögon - har förvandlats till en obestridlig verklighet, som driver produktionen till nivåer otänkbara i en tidsålder av mänskligt driven produktion.

Ändå är detta inte enbart en amerikansk berättelse. Revolutionen har spridit sina rötter över kontinenter. När jag reste österut slogs jag av det känsliga samspelet mellan tradition och teknik som definierar produktionslandskapen i Japan, Sydkorea och Kina. I Japan, ett land vördat för sin tekniska skicklighet, har kända namn som **Honda** och **Sony** länge varit synonyma med innovation. Men bortom det välbekanta förvandlar företag som **Mitsubishi Electric** , **Kawasaki Robotics** och **Epson tyst fabriker till nav av precision och hastighet.** När jag gick genom en produktionsanläggning i Tokyo såg jag hur ingenjörer från **Fanuc** och **Yaskawa** demonstrerade system som minskade stilleståndstiden nästan till hälften, tack vare adaptiv intelligens och dataövervakning i realtid. Deras ansträngningar handlar inte bara om att minska kostnaderna; de handlar om att omdefiniera själva arbetets natur och produktivitet.

I Sydkorea är berättelsen lika övertygande. Det snabba antagandet av automationstekniker leds av sådana som **Hyundai Robotics** och **Doosan** , som har utvecklat kollaborativa robotar - kärleksfullt kända som cobots - som fungerar sömlöst tillsammans med mänskliga operatörer. Dessa maskiner är designade för att förstärka snarare än att ersätta mänsklig ansträngning, men gränsen mellan förstärkning och direkt ersättning blir alltmer suddig. Samtidigt har Kinas aggressiva satsning under initiativet "Made in China 2025" sett industriella storheter som **Siasun** och **Estun Automation** förvandla hela tillverkningsdistrikt till högt digitaliserade ekosystem. Det är en hisnande uppvisning av teknisk ambition, där varje sensor och ställdon spelar en roll i ett stort, sammankopplat produktionsnätverk.

Även när automatisering omdefinierar industrier sprider den sitt inflytande till vardagliga utrymmen som en gång var distinkt mänskliga. Tänk på upplevelsen av att köra fram till en snabbmatskörning som inte längre har ett leende ansikte bakom disken. Istället tar en AI-driven kiosk – minutiöst utvecklad av tekniska innovatörer – över beställningsprocessen. På pilotplatser har kedjor som **McDonald's** experimenterat med helautomatiska drive-thru-system som lovar snabbare service och nollbeställningsfel. Det finns en märklig skönhet i denna mekaniserade effektivitet, men det kostar pengar: förlusten av de små, mänskliga ögonblicken som en gång gjorde dessa interaktioner varma och äkta.

För några år sedan vandrade jag in i en sådan anläggning, nyfiken på att bevittna detta modiga nya tillvägagångssätt från första hand. Jag beställde en måltid och såg hur en digital skärm behandlade min förfrågan med en hastighet och precision som inte lämnade något utrymme för tvetydighet. Men när jag satt och väntade på min beställning kunde jag inte låta bli att känna ett sting av nostalgi för de dagar då en snabb chatt med en vänlig server kunde förgylla en annars vardaglig eftermiddag. Parallellt har konceptet med **Amazon Go** -butiker omdefinierat shoppingupplevelsen helt. Dessa anläggningar gör sig av med den traditionella kassalinjen och väljer istället en sömlös, sensordriven process som automatiskt debiterar ditt konto när du lämnar. Det är ett radikalt avsteg från de mänskliga interaktioner som en gång präglade våra shoppingresor – en förvandling som är lika spännande som oroande.

Varje steg i denna automatiseringssaga är sammanflätad med en djupare, mer komplex berättelse: de skiftande gränserna för identitet och syfte. För många har arbete länge varit mer än ett medel till ett ekonomiskt mål. Det har varit en hörnsten i personlig identitet, en källa till stolthet och ett gemenskapslim som binder samman individer genom gemensamma upplevelser. Den snabba förskjutningen av traditionella roller har utlöst en kris som går utöver finansiell instabilitet. Det utmanar själva föreställningen om vad det innebär att bidra och finna tillfredsställelse i livet. I både livliga städer och lugna städer väcker försvinnandet av välbekanta roller - från fabriksarbetare till butikskassörer - obekväma frågor om egenvärde och tillhörighet.

Jag satt en gång med en före detta lagerchef i Osaka - en stad känd för sin sömlösa blandning av gamla traditioner och banbrytande innovation. Över ångande skålar med ramen på en blygsam matställe undangömd från neonbländningen, berättade han om de årtionden han ägnade åt att finslipa sitt hantverk inom logistik. Med stilla stolthet beskrev han de noggranna rutinerna och den täta gemenskap som hade definierat hans karriär. Men när han i detalj beskrev ankomsten av automatiserade system blev hans röst vemodig. "Efter år av hårt arbete fann jag mig plötsligt föråldrad", erkände han, med en uppgivenhet som genomsyrade samtalet. Hans berättelse var ett mikrokosmos av en bredare social omvälvning, en som tvingar hela samhällen att brottas med förlusten av syfte och behovet av att omdefiniera sina roller i samhället.

Akademiker och beslutsfattare är inte främmande för dessa debatter. Vid symposier som hålls vid uppskattade institutioner som **ETH Zürich** och **Tsinghua University** har diskussionerna fått en brådskande ton. Kända ekonomer och samhällsteoretiker har vänt sig till innovativa idéer - bland dem förslag om universell basinkomst - som ett potentiellt botemedel mot den störning som automatiseringen orsakar. Förespråkarna hävdar att ett garanterat stipendium kan ge dem som fördrivits av tekniska framsteg möjlighet att ägna sig åt kreativa och intellektuella passioner, och befria dem från begränsningarna av monotont arbete . Belackare varnar dock för att sådana åtgärder kan leda till en kulturell stagnation, där disciplinen strukturerad anställning ersätts av ett vakuum av ändamålslöshet. Dessa debatter understryker den styva linan som samhället nu går: balansera de glänsande löftena om roboteffektivitet med det immateriella värdet av mänsklig kreativitet och anslutning.

Berättelsen blir ännu mer skiktad när vi betraktar den filosofiska grunden för denna transformation. Visionärer som **Yuval Noah Harari** har varnat för att massfördrivningen av kvalificerad arbetskraft kan utlösa social oro och förvärra ojämlikheten. Hans varningar återspeglas av tänkare som **Jeremy Rifkin** , vars inflytelserika arbete på slutet av traditionellt arbete har blivit en prövosten för kritiker av okontrollerade tekniska framsteg. Parallellt har futurister som **Ray Kurzweil** och

Kevin Kelly målat bilder av en tidsålder där konvergensen av mänskligt intellekt och maskinintelligens kan låsa upp outsäglig kreativ potential. Deras insikter, förstärkta av empiriska data och verkliga exempel, utmanar oss att föreställa oss ett samhälle som överskrider de gamla dikotomierna av arbete och fritid. Ändå är dessa löften för många lika immateriella som de är lockande - en vision om befrielse som förblir lockande utom räckhåll.

Det är i dessa ögonblick av existentiell reflektion som uppmaningen till mänsklig förstärkning uppstår. Istället för att ge efter för förtvivlan, förespråkar ett växande antal innovatörer idén om att blanda mänsklig uppfinningsrikedom med robotprecision. I laboratorier och nystartade inkubatorer från **Universal Robots** i Danmark till samarbetsinitiativ i Sydkorea, arbetar ingenjörer outtröttligt med att utveckla cobots - maskiner som är designade att arbeta tillsammans med människor snarare än att ersätta dem. Syftet är inte att skapa en skarp klyfta mellan människa och maskin utan att skapa ett partnerskap som utnyttjar det bästa från två världar. I detta modiga experiment möter robotikens obevekliga uthållighet den spontana, fantasifulla gnistan som definierar vår natur. Löftet om mänsklig förstärkning är en inbjudan att återta förlorade territorier av kreativitet, förvandla repetitiva uppgifter till möjligheter för innovation.

Ändå är vägen till en sådan balanserad integration kantad av osäkerhet. Jag har tillbringat många nätter med att fundera över de otaliga rapporterna och studierna som dokumenterar övergången från manuell till automatiserad förlossning . Det finns en rå, ofiltrerad verklighet bakom den polerade fasaden av tekniska framsteg - en verklighet där hela samhällen står inför en framtid av ekonomisk dislokation och social fragmentering. I regioner som de industriella kärnområdena i **Tyskland** och **Japan** bär en gång blomstrande städer spåren av snabb industriell omstrukturering. Fabriker som en gång vrålade av mänsklig energi står nu tysta, deras salar ekar av minnen från en svunnen tid. Frånvaron av mänskligt prat i dessa tomma korridorer är en stark påminnelse om den personliga kostnaden för framsteg.

När jag gick genom dessa övergivna industriutrymmen kunde jag nästan höra spöklika viskningar från arbetare som en gång fann syfte mitt i metallens klingande och maskineriets stadiga rytm. Deras liv, sammanvävda med hantverkets stolthet och det manuella arbetets värdighet , verkar försvinna under den obevekliga vågen av roboteffektivitet. Det här är inte bara en berättelse om framsteg; det är en berättelse om förlust - en förlust som ger eko i både styrelserum och pausrum. Den mänskliga anden, med alla dess brister och briljans, ställs nu mot algoritmernas kalla, orubbliga logik.

Även när hela sektorer genomgår denna seismiska förändring, börjar vissa industrier utforska vad som kommer härnäst. Tänk på framväxten av tjänstemodeller som bygger på dataanalys, kreativ problemlösning och nyanserad mänsklig interaktion – områden där automatisering kämpar för att replikera subtiliteterna av känslor och empati. I kölvattnet av mekaniserat arbete växer nya karriärer fram inom områden som kräver unika mänskliga färdigheter: roller inom kreativ strategi, interpersonell omsorg och kritiskt tänkande vinner genomslag. Här är ironin påtaglig:

medan maskiner kan hantera det vardagliga och repetitiva, förväntas det mänskliga sinnet i allt högre grad generera idéer som ingen algoritm kan förutsäga. Ändå kommer denna utveckling med sin egen uppsättning utmaningar, eftersom individer tvingas ständigt uppfinna sig själva, avskaffa föråldrade färdigheter och omfamna livslångt lärande i en miljö där engagemangsreglerna ständigt skrivs om.

Jag kommer på mig själv med att överväga dessa förvandlingar i lugna stunder av introspektion. Nätterna är långa och fyllda av ett rastlöst ifrågasättande av vårt kollektiva öde. Hur kalibrerar vi som art om vår känsla av värde när själva arbetshandlingen inte längre är en pålitlig identitetskälla? Svaren är inte etsade i sten; de växer fram genom prövningar och misstag i ett samhälle som är fångat mitt i en radikal omdefiniering. I samtal med före detta handelsmän, entreprenörer och akademiker dyker en gemensam känsla upp: behovet av en förnyad berättelse, en som hyllar mänsklig kreativitet och känslomässig motståndskraft framför bara produktivitetsmått. Det är en berättelse som inser vikten av att knyta kontakter, vårda passioner och finna tillfredsställelse i sysselsättningar som sträcker sig bortom gränserna för en konventionell arbetsbeskrivning.

Jag minns en livlig debatt på ett internationellt forum i **Singapore** - en smältdegel av idéer där tankeledare, teknologer och arbetsförespråkare samlades för att diskutera de seismiska förändringarna som äger rum. Stämningen var laddad med en blandning av spänning och ångest. En deltagare, en erfaren ekonom från **ETH Zürich** , hävdade att den obevekliga drivkraften mot automatisering kunde utnyttjas för att släppa lös en renässans av mänsklig innovation. Ändå, även när han prisade ett frigjort, kreativt samhälles dygder, förrådde hans ögon rädslan för en oåterkallelig förlust: försvinnandet av en kollektiv arbetsetik som länge hade definierat samhällen och ingjutit en känsla av syfte. Hans ord dröjde kvar i luften som en spökande refräng - en påminnelse om att framstegsmarschen, även om den är oundviklig, kräver ett pris som vi alla måste vara villiga att betala.

Mitt i dessa högsinnade debatter fortsätter de praktiska konsekvenserna av automatisering att krusa genom våra dagliga liv. I det tysta brummandet av en modern fabrik, där varje komponent placeras av en maskin, finns en underström av existentiell osäkerhet. Jag har sett de glittrande produktionslinjerna i **Hyundai Robotics** och **Doosan** -anläggningar i **Sydkorea** , där integrationen av cobots har revolutionerat traditionella monteringsprocesser . Arbetare som en gång arbetade outtröttligt finner sig nu förvisade till övervakande roller, deras expertis åsidosatts av robotmotparternas obevekliga precision. Denna tekniska pivot tvingar oss att konfrontera en obekväm verklighet: framsteg marscherar ofta vidare, oavsett den mänskliga kostnaden den lämnar i dess kölvatten.

Ändå, mitt i denna obevekliga marsch, kvarstår glimtar av hopp. Konvergensen av mänsklig uppfinningsrikedom och robotisk skicklighet ger sakta upphov till vad vissa har kallat "hybrid arbetsmodeller." I dessa modeller är målet inte att skapa en dikotomi mellan människa och maskin, utan snarare att blanda deras styrkor till en sammanhållen helhet. I innovationshubbar som sträcker sig från **Silicon Valley** till **Seoul** experimenterar tvärvetenskapliga team med sätt att utnyttja artificiell intelligens för kreativ problemlösning samtidigt som de utnyttjar mänskliga medarbetares intuitiva insikter. Det är en delikat dans - en som kräver ödmjukhet, flexibilitet och framför allt ett orubbligt engagemang för att ombilda vad arbete kan vara när de gamla paradigmen inte längre råder.

För de av oss som befinner sig mitt i denna förvandling är utmaningen lika spännande som skrämmande. Varje nytt tekniskt genombrott är ett tveeggat svärd: å ena sidan finns löftet om befrielse från vardagliga uppgifter; å den andra, den skarpa verkligheten av föråldrad och förskjutning. I personliga samtal med både fördrivna arbetare och entreprenöriella risktagare dyker ett återkommande tema upp - en gemensam beslutsamhet att finna mening i ett snabbt föränderligt landskap. Det är denna anda av återuppfinnande, denna envisa vägran att enbart definieras av föråldrade produktivitetsmått, som erbjuder en strimma av tröst mitt i kaoset.

Jag kommer ofta på mig själv med att reflektera över paradoxen i hjärtat av vår nuvarande situation. De verktyg som är utformade för att befria oss från upprepande slit tar samtidigt bort en central del av vår identitet. Arbetet , som en gång var synonymt med syfte och stolthet, konfigureras om till en serie diskreta, algoritmiskt hanterade uppgifter. Ändå, inom denna upplösning finns möjligheten till något helt nytt - en chans att återupptäcka den råa, oförfalskade kreativitetens glädje, att fullfölja passioner som länge har kvävts av kraven från konventionell sysselsättning.

I de rökiga bakrummen (jag vill verkligen skriva rökigt bacon, haha, yumm, var var vi oh yes) av strategimöten och teknikutställningarnas livliga korridorer skiftar samtalet. Berättelsen handlar inte längre enbart om produktivitetsvinster och vinstmarginaler. Allt mer handlar det om människans förmåga att anpassa sig, att återuppfinna sig själv inför överväldigande förändringar. Pionjärerna bakom denna omvandling – visionärer och pragmatiker likadana – nöjer sig inte med att bara acceptera status quo. De kartlägger aktivt en kurs mot ett paradigm som privilegierar uppfinningsrikedom, emotionell intelligens och samarbete framför den obevekliga marschen av mekaniserad effektivitet.

Jag hörde talas om ett särskilt suggestivt samtal med en ung entreprenör i **San Francisco** som en gång hade arbetat som linjechef för fabriken innan han gav sig in i den tekniska start-up-scenen. Han anförtrodde att han, efter årtionden av att ha sett sina kollegor bli överflödiga när maskiner tog över, upptäckte en dold passion för konst och design - en passion som hade legat i dvala under år av rutin. Hans berättelse fick genklang hos mig, inte som en isolerad händelse utan som en symbol för ett bredare uppvaknande. Här var en man som, när han ställdes inför fördrivningens skarpa verklighet, valde att istället utforska sin kreativitets okända territorier. Hans resa var ett bevis på den bestående mänskliga anden - en ande som vägrar att bli fjättrad av omständigheterna och istället finner tröst i förvandling.

Över kontinenter och kulturer utspelar sig effekten av denna robotrevolution på otaliga sätt. I både livliga stadskärnor och lugna landsbygdens enklaver brottas samhällen med samma grundläggande frågor. Hur omdefinierar vi bidrag när fysiskt arbete inte längre fungerar som det primära måttet på värde? Hur bibehåller vi en känsla av värdighet och anknytning när automatiserade system gradvis urholkar de taktila, mänskliga interaktioner som en gång underbyggde vår sociala struktur? Dessa är inte abstrakta funderingar; de är brådskande, praktiska problem som diskuteras i styrelserum, regeringssalar och intima familjemiddagar.

Berättelsen som kommer från **Tokyo** , **Seoul** och **Peking** är en av försiktig optimism blandat med påtaglig oro. I högteknologiska forskningsanläggningar och livliga produktionslinjer arbetar experter med att förfina och perfekta system som lovar oöverträffade effektivitetsnivåer. Ändå, när de tänjer på gränserna för vad som är möjligt, finns det en växande medvetenhet om de oavsiktliga konsekvenserna. Arbetare som en gång var stolta över sitt hantverk kämpar nu för att hitta sin plats i ett system som värdesätter snabbhet och noggrannhet över allt annat. Det är en omvandling som tvingar fram en räkning med långvariga föreställningar om arbete, värde och identitet - en räkning som är lika utmanande som nödvändig.

Och så, när jag sitter här och komponerar dessa tankar, fungerar brumet av maskiner i fjärran som en ständig påminnelse om att förändring inte längre är en avlägsen möjlighet - det är vår dagliga verklighet. Arbetets landskap ritas om av automatiseringens stadiga händer, av system utformade för att eliminera mänskliga fel och maximera resultatet. I dess kölvatten dröjer en djup känsla av både förlust och möjlighet. Utmaningen är att utnyttja de obestridliga fördelarna med denna tekniska ökning utan att offra de kreativa, röriga och inneboende mänskliga egenskaperna som har definierat oss i århundraden.

De kommande åren lovar att bli en tid av djupgående omvandling – en tid präglad av både genombrottstriumfer och oförutsedda motgångar. När industrier över hela världen omkalibrerar sina processer för att klara dessa framsteg, får vi begrunda vår egen plats i denna ekvation som utvecklas. Kommer vi att dra oss tillbaka till en passiv acceptans av mekaniserad rutin, eller kommer vi att ta tillfället i akt att omforma våra identiteter och omdefiniera vad det innebär att vara produktiv? Det finns inget enkelt svar, ingen snyggt förpackad lösning. Vad som förblir klart är dock att de val vi gör under de kommande dagarna kommer att återklangas långt bortom gränserna för någon enskild fabrik eller kontor. De kommer att forma inte bara våra ekonomier utan själva strukturen i våra samhällen och kärnan i våra individuella identiteter.

I de tysta stunderna mellan arbete och reflektion, när det mjuka skenet från en bildskärm ersätter de livliga färgerna i en solnedgång, finner jag tröst i insikten att mänsklig kreativitet inte är lätt att släcka. Även när algoritmer dikterar produktionstakten, fortsätter gnistan av innovation att flimra i varje sinne som vågar drömma om något bortom automatiseringens förutsägbara kadens. Det är en gnista som vägrar att kvävas, till och med av maskinernas obevekliga surrande - en gnista som ger bränsle till konst, vetenskap och det eviga sökandet efter mening.

Så här står vi, vid gränsen till en ny era som trotsar konventionell visdom och utmanar långvariga normer. Maskinerna har tagit över uppgifter som en gång definierade våra livs rytmer, vilket lämnar oss med ett tomt blad att skriva nästa kapitel i vår existens på. Detta är inte en klagan över det som har gått förlorat, utan snarare en inbjudan att utforska de enorma, okända territorierna av kreativitet och syfte. Det är en uppmaning till handling - en vädjan om att återta berättelsen om våra liv och att finna skönhet i de utrymmen som försvinnande rutiner lämnar.

I detta utspelade drama av framsteg och förskjutning är varje individ både skådespelare och publik. Berättelsen om vår tid skrivs i realtid, en robotrörelse och ett mänskligt beslut i taget. Det finns en inneboende ironi i föreställningen att just den teknologi som utformats för att befria oss från bojorna av repetitivt arbete också kan tvinga oss att konfrontera de djupare frågorna om vilka vi är och vad vi verkligen värdesätter. Och när jag skriver ner dessa tankar påminns jag om att varje epok av förändring för med sig ett mått av kaos - en nödvändig turbulens som, om den navigeras med omsorg, kan leda till en renässans av mänsklig ande och kreativitet.

När du bläddrar i dessa blad, kära läsare, låt dig svepas med i berättelsen. Omfamna osäkerhetens obehag, för det är i den ovissheten som frön till nya början sås. Låt berättelserna om automatiserade fabriker, digitala kiosker och tysta butiksutrymmen inte tjäna som tecken på en oundviklig nedgång, utan som vägvisare som guidar oss mot outforskade möjligheter. Utmaningarna vi står inför är lika verkliga som de är komplexa, men den mänskliga förmågan till anpassning och återuppfinning är gränslös. Vi kanske upptäcker att våra största bidrag inte ligger i gamlas repetitiva uppgifter utan i den otyglade, kreativa energin som uppstår när vi är fria att fullfölja våra passioner utan begränsningar.

I slutändan är berättelsen om automatisering inte bara en krönika över tekniska framsteg - det är en spegel som återspeglar våra kollektiva ambitioner, rädslor och den bestående strävan efter mening. När maskiner fortsätter att bära bördorna av manuellt arbete och precision, står vi kvar med uppgiften att ombilda ett liv rikt med kreativa sysslor, meningsfulla interaktioner och den orubbliga önskan att lämna ett spår på tidens tapeter. Resan framåt är oskriven, dess kapitel väntar på att fyllas av dem som är modiga nog att omdefiniera sin existens i ett landskap som omformats av den obevekliga strävan efter effektivitet.

Låt detta vara en inbjudan - ett rop till alla som någonsin har ifrågasatt status quo, som någonsin har vågat drömma bortom rutinens gränser. Eran av robotarbete är inte ett slut utan en början. Det är en utmaning att utnyttja tekniken inte som en mästare, utan som ett verktyg för att höja vår mänskliga potential. I varje automatiserad gest och varje digital beräkning finns det en möjlighet för oss att slå en ny väg - en som hyllar uppfinningsrikedom, motståndskraft och den råa, oförutsägbara skönheten i mänsklig kreativitet.

Så ta ett djupt andetag och följ med mig på denna resa av utforskning och återuppfinning. När vi navigerar genom labyrinten av automatiserade produktionslinjer, tysta detaljhandelskorridorer och de gripande berättelserna om dem som lämnats efter av tekniska framsteg, låt oss komma ihåg att varje slut bara är upptakten till en ny början. Maskinerna kan ha gjort anspråk på de repetitiva uppgifterna, men uppmaningen att skapa, att förnya och att omdefiniera vår plats i kosmos förblir vår ensam. I denna pågående saga om framsteg och förvandling är den enda konstanta vår orubbliga beslutsamhet att anpassa oss, att finna glädje i det oväntade och att skapa en framtid som återspeglar den mänskliga andens okuvliga styrka.

Anta utmaningen, utnyttja din kreativitet och vet att även när automations växlar obevekligt vrider sig, ligger kraften att forma vårt öde stadigt i våra händer. Välkommen till detta modiga nya kapitel - en berättelse om förändring, förlust och i slutändan återfödelse. De val du gör under de kommande dagarna kommer inte bara att omdefiniera hur du arbetar, utan också hur du lever, ansluter och skapar mening. Detta är vårt ögonblick för att återuppfinna oss själva, att höja oss över maskinernas sterila precision och fira den stökiga, briljanta, oförutsägbara tapeten av mänsklig existens. I dessa osäkra tider, låt innovationsrytmen inspirera dig. Stå högt mitt i bruset av robotarmar och det tysta surret av digitala processer, och kom ihåg att varje fantastisk berättelse är skriven av de som vågar utmana normen. När du reser genom sidorna framåt, må du inte finna förtvivlan i förlusten av traditionella roller, utan hopp i den oändliga förmågan till återuppfinning som finns i var och en av oss.

Det här är mer än en krönika av robotarbete – det är ett bevis på vår motståndskraft, en berättelse som hyllar den råa energin av mänsklig ambition mot bakgrund av obevekliga tekniska framsteg. Och när du stänger dessa sidor, låt ekon av denna förvandling dröja kvar i ditt sinne och uppmanar dig att omdefiniera ditt eget bidrag till en värld som snabbt tappar bort sin gamla hud. Maskinerna tar över många uppgifter, men gnistan av kreativitet, drivkraften för innovation och strävan efter mening är vår att vårda och växa.

Välkommen till denna era av transformation - en tid då den tysta marschen av automatiserad effektivitet möter den mänskliga potentialens passionerade hjärtslag. Tillsammans kommer vi att navigera i detta okända territorium, skapa nya vägar som hedrar vårt arv samtidigt som vi omfamnar löftet om vad som ligger framför oss. Berättelsen utvecklas fortfarande, och varje steg du tar är en förklaring om att essensen av kreativitet och anslutning aldrig helt kan ersättas av kalla kretsar och algoritmisk precision.

När du läser dessa ord, låt samspelet mellan tidigare, nuvarande och framväxande möjligheter inspirera till en förnyad vision för ditt liv. Låt detta vara en uppmaning till vapen, ett ögonblick för att fira den anmärkningsvärda förmågan till återuppfinning som definierar oss. I ett landskap som omdefinieras av automatiserad precision förblir din unika gnista av kreativitet den ledstjärna som kommer att guida oss alla genom förändringens turbulens. Resan är din att skriva - levande, osäker och onekligen mänsklig.

Och så, när den digitala pulsen av framsteg fortsätter sitt obevekliga slag, inbjuder jag dig att anta utmaningen med öppna ögon och ett orädt hjärta. Kliv in i denna berättelse om transformation, där varje ögonblick är en möjlighet att omdefiniera ditt bidrag, varje bakslag en lektion i motståndskraft och varje triumf ett bevis på den bestående kraften i mänsklig kreativitet. Robotarna kan hantera de tunga lyften, men det är vår passion, vår uppfinningsrikedom och vår drivkraft att ansluta som i slutändan kommer att forma historien om våra liv.

Detta är inte bara en krönika om mekaniserad effektivitet, utan en hyllning till den gränslösa potential som uppstår när vi vågar se bortom gränserna för traditionellt arbete . När brummandet av maskiner och den tysta pulsen av innovation smälter samman i en ny tillvaronsrytm, låt oss anamma utmaningen att skriva om vårt öde. Genom att göra det hedrar vi det förflutna samtidigt som vi djärvt kliver in i det okända, redo att skapa en framtid som inte definieras av vad vi har förlorat, utan av det extraordinära löftet om vad vi ännu ska skapa.

Välkommen till denna saga som utvecklas - en berättelse om återuppfinnande, motståndskraft och den oupphörliga jakten på mening. Din roll i denna förvandling är inte förutbestämd av kisel eller stål, utan av din egen kreativitets livfulla, ständigt föränderliga gobeläng. Resan framåt är lika oförutsägbar som spännande, och den är din att forma med varje djärvt steg du tar.

Där, när de sista ackorden i denna berättelse bleknar i bakgrunden, kan du föra vidare den obestridliga sanningen att vår förmåga att anpassa och förnya förblir vår mest värdefulla tillgång. Robotrevolutionen kan ha förändrat arbetets mekanik , men den har också öppnat dörren till en rikare, mer expansiv utforskning av vad det innebär att verkligen leva. Låt det vara den varaktiga refrängen - en uppmaning att omfamna inte bara bekvämligheten med automatisering, utan den gränslösa kreativiteten och den motståndskraftiga andan som är unikt vår.

Ta nu ett djupt andetag och gå vidare till nästa kapitel i din egen berättelse. Sidorna framåt väntar på ditt unika bidrag, en berättelse som kommer att lägga till sina egna livfulla nyanser till denna ständigt utvecklande mosaik av mänsklig uppfinningsrikedom. Valet är ditt: att definieras av arvet från gamla rutiner eller att våga skapa något anmärkningsvärt av möjlighetens råvara. I de tysta stunderna mellan automatiserade uppgifter, i de utrymmen där mänskligt skratt och kreativitet består, ligger en värld som väntar på att bli omskapad - en värld där varje handling av återuppfinning blir ett bevis på vår orubbliga önskan att frodas.

Välkommen till den nya eran av arbete - en berättelse som inte är skriven enbart av maskiner utan av den outtröttliga andan av mänsklig innovation. Omfamna denna resa med alla dess utmaningar och möjligheter, och vet att varje steg du tar är en förklaring om att oavsett hur avancerad tekniken är, så slår hjärtat av framsteg i pulsen på vår gemensamma mänsklighet.

Och så fortsätter vår utforskning, en vindlande berättelse som fångar spänningen mellan maskinernas obevekliga logik och det mänskliga sinnets oförutsägbara gnista. Varje sida i denna utspelade berättelse är en uppmaning till handling, som uppmanar dig att omdefiniera vad det innebär att bidra, att ansluta och att skapa. De val som görs i dessa omvandlingsögonblick kommer att eka genom generationer och forma inte bara våra arbetsplatser utan själva strukturen i våra liv.

Det här är vår berättelse - en berättelse om förlust, om förnyelse och i slutändan om den extraordinära förmågan att återuppfinna oss själva även när det välbekanta faller sönder. Resan är lång och kantad av osäkerhet, men den är också full av löften. Det är en berättelse som, trots den kalla, exakta marschen av automatiserade system, i grunden förblir om värmen från mänsklig passion och den oupphörliga drivkraften att omvandla våra utmaningar till möjligheter.

Så kära läsare, låt denna berättelse fungera som både en spegel och en ledstjärna. När du stänger dessa sidor och kliver tillbaka in i ditt dagliga liv, kom ihåg att varje ögonblick är en chans att ingjuta det vanliga med en gnista av extraordinär kreativitet. Maskinerna kan ha tagit över de repetitiva uppgifterna, men de kan aldrig fånga den kaotiska briljansen hos ett mänskligt hjärta som är fast beslutet att finna mening i varje andetag, varje blick, varje ögonblick av motstånd mot automatiseringens våg.

Välkommen till detta storslagna äventyr - en resa där tekniken inte är fienden, utan scenen där det mänskliga livets drama utspelar sig i all sin röriga, vackra komplexitet. Berättelsen är din att skriva, och möjligheterna är lika gränslösa som din fantasi.

När jag utformar dessa ord, inbjuder jag dig att se att tiden för mekaniserat arbete inte är en klagan för vad vi en gång var utan en tydlig uppmaning till vad vi kan bli. Berättelsen om automatisering och förskjutning är inte skriven i sten; det är en öppen inbjudan att omdefiniera, återuppfinna och i slutändan återupptäcka den gränslösa potentialen som finns inom var och en av oss. När du för dessa idéer framåt, må du finna mod i osäkerheten, skönheten i störningen och en förnyad känsla av syfte i den ständigt föränderliga dansen av framsteg.

Resan framåt är lång och frågorna många, men vet detta: varje maskin, varje algoritm, varje automatiserad process är en påminnelse om att den **sanna kraften inte ligger i kretsar eller kod, utan i den okuvliga andan som vågar drömma, förnya sig och leva fullt ut** . Och så, för varje dag som går, när robotarmar spårar sina exakta bågar och digitala skärmar lyser med beräknad effektivitet, låt oss stå enade i vår gemensamma beslutsamhet att förvandla störningar till en duk av nya början.

En berättelse om teknik, om mänsklighet och om den extraordinära potential som dyker upp när vi väljer att se möjligheter mitt i omvälvningen. Vägen kan vara osäker, men det är vår att kartlägga. Anta utmaningen, utnyttja din kreativitet och ta dig djärvt in i en morgondag som väntar på ditt unika avtryck.

Din resa börjar nu.

Kapitel 4: Den AI-drivna jobbpocalypsen

Jag hade aldrig föreställt mig att vardagen bakom ett skrivbord plötsligt kunde verka lika förlegad som en häst och vagn på en modern motorväg. Ändå, här är vi - stupade in i en era där allt jag en gång tog för givet görs om av en oveklig kraft: teknik. Förvandlingen är inte subtil; det är lika rått som ett punkbands debutalbum, och utmanar djärvt de antaganden vi höll fast vid om arbete, kreativitet och den mänskliga andan.

Jag är säker på att du kan minnas de dagar då tanken på en maskin som utarbetade juridiska briefer eller diagnostiserade livshotande sjukdomar var mat för berättelser om lägereld eller science fiction-författares vilda föreställningar. Det var inte förrän den snabba utvecklingen av artificiell intelligens och robotik svepte över alla tänkbara industrier som dessa nyckfulla föreställningar började förverkligas framför våra ögon. Berättelsen om framsteg har förvandlats till en höghastighetsjakt, där varje genombrott omdefinierar vad det innebär att spendera våra vakna timmar i jakten på framgång – eller åtminstone överlevnad.

Det hela började subtilt, nästan omärkligt. Kontor som en gång surrade av klammer från tangentbord och det låga brummandet av ändlösa möten ekar nu av maskinernas tysta effektivitet. Det finns ett växande, oroväckande förtroende för de algoritmer som nu utarbetar kontrakt, diagnostiserar komplexa sjukdomar och till och med producerar artiklar av prisklass . Dessa system, som arbetar med outtröttlig precision och kostnadseffektivitet, är inte längre bara assistenter. De har blivit ryggraden i hela operationer och flyttat ansvar som en gång hölls kärt av mänskliga experter till kalla, felfria kodrader.

Tänk på advokatkåren, en värld som en gång var vördad för sin subtila konst att övertala och den noggranna tolkningen av hundraåriga texter. I generationer sågs juridiken som höjdpunkten av mänskligt intellekt, ett hantverk där varje nyans var kritisk. Sedan kom revolutionen: system som **ROSS Intelligence** växte fram, som utnyttjade avancerade ramverk för maskininlärning för att söka igenom stora digitala arkiv, lokalisera fallprejudikat och utarbeta juridiska dokument snabbare än någon mänsklig paralegal någonsin kunde drömma om. Till en början hånade många åt idén - trots allt, kunde en maskin verkligen fånga den invecklade dansen av juridiska resonemang? Men när effektiviteten hos dessa verktyg blev obestridlig började advokatbyråer i finansiella huvudstäder över hela världen att använda dem. Resultatet blev en dramatisk förändring: den traditionella advokaten, beväpnad med år av utbildning och hårt kämpad erfarenhet, fann plötsligt sin roll under belägring av en algoritm som aldrig tröttnar, aldrig felar och kräver inget annat än en stadig ström av data.

Men revolutionen stannade inte vid juridisk praxis. I de sterila korridorerna på sjukhus och livliga akutmottagningar utspelade sig något lika extraordinärt. En banbrytande studie publicerad i **The Lancet** av forskare vid **Mayo Clinic** avslöjade att ett diagnostiskt system för AI kunde upptäcka vissa cancerformer med noggrannhet som konkurrerade med , och ibland till och med överträffade, den hos erfarna onkologer. Det var en uppenbarelse som utmanade årtionden av medicinsk tradition. Under den globala hälsokrisen integrerade länder som Sydkorea snabbt AI-drivna diagnostiska verktyg i sina protokoll, särskilt när de utvärderade lungröntgen. Radiologer, en gång de ohotade mästarna inom bildbehandling, fann sig plötsligt förvisade till roller som tillsyn när maskinintelligens skyndade sig igenom undersökningar i en takt som lämnade lite utrymme för mänskliga misstag.

Effekten av dessa tekniker går långt utöver sjukhus och rättssalar. När det gäller mjukvaruutveckling står programmerare - de moderna alkemisterna som förvandlar koffein till kod - vid ett vägskäl. Med intåget av AI-drivna kodningsassistenter som **OpenAI** :s Codex och **GitHub** :s Copilot, skrivs själva programmeringens natur om. Föreställ dig ett verktyg som kan generera hela segment av kod på kommando, med en precisionsnivå som lämnar lite övrigt att önska. År 2021 liknade en välkänd teknikanalytiker upplevelsen med att ha en expertutvecklare i beredskap 24/7, redo att ta fram perfekt kod på ett ögonblick. Bekvämligheten är obestridlig, men en tjatande fråga kvarstår bland många i tekniksamhället: om maskiner kan överträffa mänsklig kreativitet när de genererar kod, vilken roll återstår för den geniala gnistan i det mänskliga sinnet? Debatter har väckts vid industritoppmöten – från elektrifierande utvecklarsammankomster i Las Vegas till högprofilerade IEEE-symposier i New York – där samtalet har förvandlats från spänning till existentiell rädsla, när programmerare brottas med möjligheten att bli förvisad till övervakare av algoritmer snarare än innovationsarkitekter.

Journalistiken, det ädla hantverket att gräva fram sanningen och berätta om den mänskliga existensens komplexitet, känner också sticket. Nyhetsrum som en gång sysslade med glöd av undersökande rapportering förlitar sig i allt högre grad på AI-system för att få ut rutininnehåll. Finansiella sammanfattningar, sportsammanfattningar, till och med några undersökande bitar är nu utarbetade med hjälp av artificiell intelligens. År 2022 producerade ett gemensamt projekt mellan **Columbia Journalism School** och ett framstående AI-forskningsinstitut undersökande artiklar som suddade ut gränserna mellan mänskligt

författad prosa och algoritmisk sammansättning.
Läsarna förundrades över sammanhållningen och
tydligheten, men kritikerna oroade sig över den subtila
urholkningen av det som gör journalistiken mänsklig -
den instinktiva förmågan att känna nyanser och viljan att
följa en berättelse längs mörka, oförutsägbara stigar.
Frågan kvarstår: kan en maskin verkligen fånga konsten
att berätta, eller kommer den helt enkelt att ta bort
värmen från mänsklig empati från nyheterna vi
konsumerar?

Den kreativa konsten, som en gång ansågs vara den
mänskliga själens exklusiva lekplats, har inte sparats.
Det fanns en tid då litteratur, musik och bildkonst sågs
som fristad för uttryck - sfärer där råa känslor och
gnistan av individuellt geni regerade. Nu infiltreras även
dessa heliga fält av sofistikerade språkmodeller. Ta
OpenAI :s GPT-3 och dess efterföljare: dessa system
kan ta fram essäer, poesi och simulerade filosofiska
debatter som speglar berömda intellektuella
funderingar. Vid ett kreativt symposium i Berlin avtäckte
en representant från ett ledande AI-forskningsinstitut en
samling noveller som helt och hållet genererats av en av

dessa modeller. Berättelserna framkallade ekon av litterära jättar som Hemingway, Rowling och Orwell, och lämnade publiken både förvånad och orolig över insikten att själva essensen av kreativitet kanske inte längre enbart tillhör mänskliga händer.

Grafisk design, ett område som förenar teknisk skicklighet med konstnärlig vision, har genomgått en förvandling som verkar nästan surrealistisk. Avancerade neurala nätverksmodeller - representerade av verktyg som **DALL-E** och **Midjourney** - kan producera slående bilder på några sekunder. Jag minns chocken som skvalpade genom konstvärlden när en AI-genererad tavla fick en rekordsumma på en prestigefylld auktion. Försäljningen tvingade fram en omvärdering av begreppet originalitet och kreativitet. På samma sätt, inom musikens rike, komponerar algoritmer symfonier, pophits och avantgardistiska ljudlandskap som utmanar konventionella definitioner av konst. På **Berklee College of Music** har utbildare brottats med konsekvenserna av att integrera dessa digitala kompositörer i sina läroplaner. Är dessa verktyg en genuin förlängning av mänsklig kreativitet, eller förebådar de helt enkelt bortfallet av den mödosamma, mänskligt drivna kompositionsprocessen?

Sedan finns det företagshierarkin, där myten om den karismatiske, visionära ledaren systematiskt avvecklas. Vd:ns arketyp – figurer som **Steve Jobs** har länge varit affischbarnet av mänsklig briljans och strategisk intuition. Ändå, föreställ dig ett styrelserum där ledaren inte alls är en karismatisk människa, utan en noggrant konstruerad algoritm. År 2021 testade ett medelstort tillverkningsföretag i Tyskland ett AI-system utformat för att hantera allt från resursallokering till strategisk planering. Systemet, som utvecklats av ingenjörer vid **Fraunhofer-institutet** och finslipat vid **Münchens tekniska universitet** , reducerade mänskliga chefer till enbart facilitatorer mellan rå beräkningslogik och den operativa arbetsstyrkan. Vid ett nyligen genomfört ledarskapstoppmöte som arrangerats av **Wharton School vid University of Pennsylvania** , påpekade en tidigare VD - nu AI-konsult - med osminkad uppriktighet att de bästa mänskliga cheferna redan utklassades. "Algorithmer blir inte känslomässiga," sa han. "De behöver ingen fikapaus, och de tar absolut inga sjukdagar." Hans ord fick rysningar längs ryggarna på många deltagare, vilket markerade en tydlig gränsdragning mellan eran av mänskligt ledd ledning och den obevekliga marschen av digital precision.

Även den finansiella sektorn bevittnar en oroande översyn. Investeringsjättar som **BlackRock** och **Goldman Sachs** har länge experimenterat med algoritmisk handel, men nu är insatserna högre. Vissa företag testar AI-system som inte bara analyserar marknadstrender - de fattar avgörande beslut om tillgångsallokering och riskhantering. Vid Global Fintech Summit 2022 i London förutspådde en känd ekonom från **London School of Economics** djärvt att inom ett decennium skulle strategiska finansiella beslut kunna utföras helt med algoritmer. För dem som har ägnat sina liv åt att finslipa sitt omdöme genom år av erfarenhet är denna prognos lika alarmerande som fascinerande. Tanken att en kall beräkning skulle kunna ersätta den instinktiva, ibland röriga processen med mänskligt beslutsfattande, utmanar allt vi trodde om värdet av våra erfarenheter och vår förmåga att navigera i osäkerhet.

Inom detaljhandeln och kundtjänst är närvaron av AI lika genomgripande som den är effektiv. Stora multinationella återförsäljare i USA har börjat rulla ut system som bedömer de anställdas prestationer, genererar produktivitetsmål och till och med avgör vem som blir befordrad. Jag minns att jag lyssnade på en anställd beskriva på en podcast - värd av en före detta NPR-journalist - hur upplevelsen av att bli utvärderad av en maskin var både avhumaniserande och obevekligt opersonlig. Algoritmen vägde försäljningssiffror, kundfeedback och otaliga produktivitetsmått och lämnade inget utrymme för den mänskliga karaktärens outsägliga egenskaper. Förlusten var påtaglig: värmen, mentorskapet och den personliga kopplingen som en gång definierade relationer på arbetsplatsen ersattes systematiskt av steril, numerisk effektivitet.

Min egen resa genom detta snabbt utvecklande tekniklandskap har varit en berg-och-dalbana av triumf och tragedi, präglad av stunder av otyglad optimism och förkrossande desillusion. Det började med en dröm - en djärv vision om att revolutionera bärbara datorer. Jag grundade Incoco , ett företag som lovade att omdefiniera hur vi interagerar med teknik på språng. Nybliven från universitetet, efter att ha designat en bärbar dator som ett sistaårsprojekt, var jag berusad av löftet om innovation. Jag trodde att jag var på gränsen till att starta en omvandling i branschen. Lockelsen var oemotståndlig - en kombination av snygga prylar, briljanta idéer och teknikens råa potential för att omforma vardagen.

I början hittade jag släktingar i två karismatiska gestalter: **Askier** och **Ayaz** . De utstrålade självförtroende och charm och förgyllde mig med berättelser om deras senaste triumf - efter att ha sålt ett sökmotorföretag för coola 2 miljoner pund. De lovade att koppla mig till investerare och måla upp visioner om miljoner i finansiering och lukrativa affärer. Deras livsstil var en förförisk cocktail av lyx: exklusiva Mercedes- och Porsche-sportbilar, middagar på Londons mest exklusiva restauranger och en daglig regim av rosa champagne som kostade häpnadsväckande 1 000 pund. I min ungdomliga överflöd sveps jag med i deras berättelse om framgång och möjligheter. Jag trodde att min väg var avsedd för ära.

I månader var jag uppslukad av en obeveklig virvelvind av möten. Jag förhandlade med några av de största datortillverkningsföretagen i Storbritannien och höll sena konferenssamtal med ingenjörer i Taiwan, alla dedikerade till att fullända våra hårdvarudesigner. Jag tillbringade otaliga sömnlösa nätter tillsammans med **Stuart Bonsell**, en noggrann 3D-designer från norra London, när vi arbetade med höljet till vår invecklade datorenhet. Under tiden var **Askier** och **Ayaz** upptagna med att iscensätta höginsatsmöten med bankirer och potentiella investerare, och försäkrade mig om att medel bara var en tidsfråga. För att hålla satsningen flytande blev jag instruerad att använda mina personliga kreditkort för att täcka utgifterna tills investeringarna kom igenom. Som tidigare e-handelschef var jag inte främmande för att jonglera med flera kort, men de skyhöga kostnaderna blev snart ohanterliga. Ett efter ett nådde korten sina gränser och det obevekliga intresset – som svävade runt 1 000 pund i månaden – började tynga mig tungt. I en grym ödets vridning smälte de förföriska löften om glamorös framgång in i den bittra verkligheten av skulder och ekonomisk ruin. Så småningom sa jag upp mig från **Incoco** , och under de kommande 12 åren ägnade jag mig åt att ta bort den skulden och betalade tillbaka cirka 1 700 pund i månaden tills jag slutligen nådde en ålder av 38. Det var inte den dramatiska kollapsen av ett Hollywood-manus; det var en långsam, obeveklig nedstigning i ett finanspolitiskt träsk som omformade min förståelse av ambition och misslyckande.

Även när jag kämpade med efterdyningarna av **Incoco** hade livet fler lektioner i beredskap. Mitt nästa kapitel utspelade sig på **Grand Union** , då den 10:e största digitala byrån i London. Mitt i kaoset av företagens deadlines och kreativ brainstorming introducerade ödet mig för en vän från Malaysia - **Thomas Khor** , känd som Kong. Han nämnde att hans kompis, **Stephen Ong** , var värd för en brainstorming om innovativa internetidéer. Gnistan av nyfikenhet tände på nytt inom mig. **Stephen** och jag hade känt varandra i nästan åtta år, våra vägar korsades under mina resor i Penang. Jag kunde inte motstå lusten att gå med i en kreativ explosion som lovade att omforma digitala medier. Under loppet av fyra intensiva månader samarbetade **Stephen** och jag om en utarbetad affärsplan för en internet-tv-satsning. När Stephen säkrade finansiering från sitt nätverk - och värderade vårt projekt till en iögonfallande £2 miljoner - vågade vi tro att vår kreativa chansning faktiskt kunde löna sig.

Vi inrättade vårt nystartade kontor med ett blygsamt team på sju som slog ihop alla resurser vi hade. Jag samlade till och med all min semesterledighet i ett enormt avbrott och ägnade varje vaket ögonblick åt att göra vårt företag till en framgång. Företaget, Viewmy.tv , föddes 2006 som en konsumentplattform som gjorde det möjligt för människor att titta på live-tv från hela världen. Med ett gränssnitt designat för enkelhet och tillgång till över 3 500 digitala och markbundna kanaler dröjde det inte länge innan vår blygsamma startup lockade häpnadsväckande 6,5 miljoner besökare per månad och byggde upp en lojal social följare. Utmärkelserna strömmade in - BBC Click utnämnde oss till "Best of Web" i december 2009, och vi hade äran att presentera ett inflytelserik föredrag om framväxande internet-TV-trender för en publik på 180 BBC-anställda 2007. 2010 delade vi till och med scen med branschjättar vid den första Internet-TV-konferensen i Georgia. Trots de oundvikliga upp- och nedgångarna var upplevelsen en djupgående utbildning i passion, risk och den oförutsägbara karaktären hos teknikdrivna affärer. Så småningom, när mitt personliga liv tog mig till nya horisonter - äktenskap, flytt till Singapore - tog jag det hjärtskärande beslutet att sälja mina aktier i **Viewmy.tv** 2014.

Inte en som permanent avråds av motgångar, jag hittade snart en annan väg att utforska. Medan jag var på en tillfällig kontraktsroll i Singapore började jag ett företag under mina entimmes lunchraster och försökte förmedla affärer med reklamföretag från de mysiga gränserna av ett lokalt kafé. Till en början blödde satsningen pengar, men inom några korta månader förvandlades den dyrbara pausen till en lukrativ källa till passiv inkomst - att tjäna mer på en timme än hela mitt månatliga kontrakt. Det här kapitlet, som alla andra i mitt liv, var en blandad påse av hopp och svårigheter. Det lärde mig att innovation kan vara lika skoningslös som upphetsande, kapabel att föra oss till svindlande höjder ena stunden och i nästa kasta oss i förtvivlan.

Under dessa turbulenta upplevelser har en sanning blivit obestridlig: ingenting är heligt längre. Den noggranna konsten att övertyga juridiska argument, den nyanserade intuitionen hos en rutinerad läkare, den mödosamma kreativiteten hos en skicklig författare - alla dessa mänskliga egenskaper utmanas obevekligt av en ny typ av maskiner. Artificiell intelligens har inget intresse av din MBA, dina årtionden av svårvunna erfarenhet eller den prestigefyllda examen från en Ivy League-institution. Vad den kräver är enkla mätvärden: datapunkter, effektivitetssiffror och obeveklig kostnadsminskning. Det framväxande landskapet - en omvälvning som vissa bistert har kallat den AI-drivna Jobpocalypse - är här nu och omformar hela sektorer med en hänsynslöshet som få förutsåg.

De mest gripande exemplen på detta skifte kan hittas inom det kreativa arbetet. Den mänskliga kreativitetens helgedom, som en gång troddes vara en oberörd bastion av passion och individuella uttryck, är nu under belägring av algoritmer. Ta grafisk design som exempel. Designers, som har ägnat år åt att fulländа sitt hantverk genom intuition och övning, står nu inför utmaningen att konkurrera med system som **DALL-E** och **Midjourney** . Dessa verktyg kan producera hisnande bilder på ett ögonblick - en process som en gång krävde timmar, om inte dagar, av mödosamt arbete. När en AI-genererad målning slog rekord på en exklusiv auktion, tvingades konstvärlden konfrontera obekväma frågor om originalitet och själva karaktären av kreativt värde. Samtidigt har världen av musikkomposition sett liknande störningar. Avancerade algoritmer kan nu komponera symfonier, poplåtar och experimentella ljudlandskap som kombinerar klassisk musikteori med avantgardistisk digital experimentering. Institutioner som **Berklee College of Music** brottas med dessa förändringar och deltar i heta debatter om huruvida sådan teknik representerar en förbättring av mänsklig kreativitet eller en försmak av dess gradvisa föråldrade.

Företagssfären, en gång en domän styrd av den mänskliga instinkten för ledarskap och vision, ritas också om. I decennier idoliserade vi ledare som **Steve Jobs** , **Jeff Bezos** och **Elon Musk** - ikoner vars själva personlighet var synonymt med innovation och djärva ambitioner. Deras karisma, obevekliga drivkraft och förmåga till out-of-the-box-tänkande sågs som ett bevis på att mänsklig uppfinningsrikedom skulle kunna triumfera över vilket hinder som helst. Nu testar dock vissa styrelserum en radikal ny idé: att ersätta mänskligt beslutsfattande med algoritmer som fungerar utan trötthet, utan partiskhet och utan distraktion. I ett pilotprojekt på ett tillverkningsföretag i Tyskland tog ett AI-system - skapat av de briljanta hjärnorna vid **Fraunhofer Institute** och förfinat vid **Münchens tekniska universitet** - ansvaret för resursallokering, produktionsschemaläggning och till och med strategisk planering. Vid en högprofilerad konferens som anordnades av **Wharton School vid University of Pennsylvania** , lade en före detta VD som blev AI-konsult en skarp observation: "När du tar bort känslor, semester och fördomar, är det som finns kvar ren, oförfalskad effektivitet." Sådana ord skickade krusningar genom branschen och utmanade långvariga föreställningar om mänskligt ledarskaps oumbärliga natur.

Inte ens finanssektorn är immun. Investeringstitaner som **BlackRock** och **Goldman Sachs** har länge utnyttjat algoritmer för handel, men de kliver nu in i territorium som gränsar till det surrealistiska. Vissa företag är banbrytande för AI-system som inte bara granskar marknadstrender utan också verkställer viktiga beslut angående tillgångsallokering och riskhantering. Vid 2022 Global Fintech Summit i London spekulerade en framstående ekonom från **London School of Economics** djärvt att inom ett decennium skulle kritiska finansiella beslut helt och hållet kunna fattas av datadrivna system. För många erfarna investerare är tanken både spännande och skrämmande - en påminnelse om att det mänskliga inslaget i beslutsfattande, finslipat genom årtionden av erfarenhet och intuition, snart kan förvisas till en sekundär roll.

Parallellt har branscher som detaljhandel och kundservice anammat precisionen av digital tillsyn. Stora återförsäljare har introducerat system som övervakar anställdas prestationer i realtid, sätter upp kvantifierbara mål och till och med bestämmer kampanjer baserat på noggrant insamlad data. Jag lyssnade en gång på en anställd som berättade om sin upplevelse i en podcast med en före detta NPR-journalist. Han beskrev skiftet från människocentrerade utvärderingar till ett algoritmiskt system som var likgiltigt för personliga omständigheter – en transformation som, även om den var effektiv, tog bort den mänskliga touch som en gång definierade våra yrkesliv.

Så här står vi, mitt i en era definierad av en djupgående omkalibrering av vad arbete innebär. Jag har bevittnat uppkomsten och fallen av satsningar, innovationens överflöd och den förkrossande tyngden av finansiella bördor. Varje kapitel av min resa har varit ett bevis på både löften och fallgroparna i en industri i konstant förändring. Det är ett landskap där mänsklig intuition ständigt mäts mot algoritmernas kalla, hårda logik; där kreativitet utmanas av digital precision; och där den obevekliga jakten på effektivitet hotar att radera det röriga, vackra kaoset som gör oss till människor.

Jag kommer på mig själv att fundera över en fråga som återkommer i varje styrelserum, varje sjukhus, varje studio och varje kreativt utrymme: när varje uppgift - från utformningen av juridiska briefer till kompositionen av symfonier - kan utföras med felfri precision av en maskin, vad återstår för oss? Hur omdefinierar vi oss själva när riktmärkena för framgång mäts inte i svett och tårar utan i nanosekunder och neurala nätverksberäkningar?

Redan när jag skriver dessa ord, klamrar en del av mig fast vid en envis glöd av hopp - en övertygelse om att denna seismiska förändring kanske inte är förebudet om mänsklig föråldrad trots allt, utan snarare en inbjudan att ombilda våra roller på ett sätt som överskrider traditionella definitioner av arbete. Visionärer som **Yuval Noah Harari** har funderat över att kanske upplösningen av konventionella roller kan befria oss att utforska de djupare aspekterna av kultur, konst och gemenskap. Kanske kommer vi att upptäcka nya former av uppfyllelse som är lika oförutsägbara och oregerliga som den mänskliga anden själv.

När jag ser tillbaka på min egen resa - från de bländande löftena om bärbar datoranvändning med **Incoco** till de bitterljuva minnen av **Viewmy.tv** , och till och med det ödmjuka jäkt av en entimmes lunchrast som förvandlades till en livlina - ser jag ett mönster. Berättelsen om framsteg är sällan en linjär uppstigning. Det är en turbulent, rörig och ofta motsägelsefull upplevelse där stunder av skyhög triumf alltid är sammanflätade med episoder av starkt misslyckande. Teknikens obevekliga marsch är likgiltig för våra drömmar eller våra felsteg; den rör sig framåt med den obönhörliga precision som en maskin kalibrerar om sin kurs.

Jag har stött på de där ögonblicken då innovation kändes som ett tveeggat svärd - kapabelt att lyfta oss till bländande höjder ena stunden, för att i nästa ögonblick få oss att brottas med de svåra konsekvenserna. Varje genombrott inom artificiell intelligens har fört med sig ett dubbelt löfte: befrielsen från tråkiga, repetitiva uppgifter och det hotande hotet att göra mänsklig expertis överflödig. Varje gång jag bevittnade ett AI-system som överträffade en mänsklig motsvarighet – oavsett om det var i utarbetandet av ett juridiskt argument, diagnostisering av ett livshotande tillstånd eller generering av felfri kod – kunde jag inte låta bli att undra om det mänskliga elementet snart skulle bli en eftertanke, en pittoresk kvarleva från en svunnen tid.

Nu, när jag sitter i det tysta i mitt arbetsrum - ett rum kantat av minnen från tidigare triumfer och misslyckanden - ser jag det obestridliga avtrycket av teknologi på alla aspekter av våra liv. Maskinerna firar inte våra milstolpar; de loggar bara data, räknar om sannolikheter och ger resultat med hänsynslös effektivitet. Gnistan av mänsklig passion, den röriga oförutsägbarheten hos våra kreativa impulser, förblir något som ingen algoritm ännu har lyckats fånga helt. Ändå kvarstår frågan: kan vi, arkitekterna bakom vårt eget öde, hitta nya sätt att utnyttja denna kreativa potential inför obeveklig automatisering?

I den akademiska världens korridorer är diskussionerna lika laddade. Vid institutioner som **Carnegie Mellon University** och **University of Oxford** diskuterar forskare inte bara de tekniska fördelarna med AI-system utan också de etiska dimensionerna av att överlämna kritiskt ansvar till maskiner. Hur säkerställer vi att när dessa system blir allt mer kapabla, används de på ett sätt som värnar om de värden vi värdesätter? Debatten handlar lika mycket om det mänskliga omdömets roll som det handlar om effektivitet – en tävling mellan datas kalla mått och de oförutsägbara, själfulla nyanserna av mänsklig insikt.

Mitt i dessa genomgripande förvandlingar finns det en obestridlig ironi. Medan AI-system fortsätter att slå rekord i effektivitet - fungerar dygnet runt utan en antydan till trötthet - kan de inte, till sin natur, förstå den röriga, oförutsägbara skönheten i mänsklig existens. De drömmer inte. De känner inte besvikelse när planerna går fel, och de njuter inte av den tysta triumfen att övervinna en personlig utmaning. Istället existerar de som de ultimata beräkningsinstrumenten, likgiltiga för de passioner och drömmar som en gång drev oss att förnya oss.

Jag antar att det som håller mig igång är hoppet att vi kan omdefiniera vad arbete betyder för oss - bortom effektivitetens och produktivitetens snäva gränser. Kanske finns det i detta snabbt föränderliga landskap en möjlighet att återupptäcka delar av oss själva som har begravts under lager av rutin och förväntan. Tekniken som en gång lovade att befria oss från slit kan, med tid och uppfinningsrikedom, tillåta oss att utforska kreativa sysselsättningar, filosofiska undersökningar och genuin mänsklig kontakt. Även om balansen verkar farlig nu, finns det utrymme för optimism om vi vågar tänka om våra roller i detta modiga nya kapitel.

Så när jag skriver ner dessa reflektioner inbjuder jag dig att följa med mig på denna resa - en resa som är lika oförutsägbar som oundviklig. Vi lever genom en djupgående omvandling som utmanar varje föreställning om vad arbete ska vara. Det är en förvandling som är brutal i sin effektivitet, men ändå märkligt poetisk i sina implikationer. Algoritmerna kanske skriver om regelboken, men det är fortfarande vårt ansvar att avgöra om vi blir passiva subjekt i deras beräkningar eller aktiva författare till våra egna berättelser.

Jag har sett teknik avveckla etablerade karriärer och vända branscher, bara för att sätta igång nya former av innovation som tvingar oss att ifrågasätta vår identitet som skapare, beslutsfattare och drömmare. Och medan maskinerna utmärker sig på att bearbeta data och utföra uppgifter utan att tveka, lämnar de oss med en avgörande fråga: om varje uppgift kan utföras med en algoritm, var hittar vi mening? Kanske i utrymmena mellan datapunkterna, i ögonblicken av kreativt uppror och i den delade mänskliga upplevelsen som ingen maskin någonsin kan replikera till fullo.

Landskapet förändras, och med det, själva strukturen i vårt dagliga liv. Men när jag spårar konturerna av mitt eget förflutna - en gobeläng vävd med ambition, misslyckande och obeveklig uthållighet - förblir jag övertygad om att det finns en plats för den mänskliga anden, även mitt i maskinens framväxt. Det är en tro som inte är född av blind optimism utan av de hårda lärdomarna från år av kamp och en djup uppskattning för livets oförutsägbara natur. De innovationer vi bevittnar idag kan förändra mekaniken i vårt arbete, men de kan inte släcka den rastlösa gnistan som tvingar oss att skapa, att ansluta och att drömma.

I slutändan är berättelsen som utspelar sig framför oss inte en av förtvivlan, utan av transformation - en uppmaning att omdefiniera våra roller i ett landskap som utvecklas i rasande fart. När jag ser mot morgondagen ser jag inte bara den kalla effektiviteten hos algoritmer, utan möjligheten till nya början - en chans att återhämta vår mänsklighet även när vi omfamnar de framsteg som lovar att omforma vår existens.

Detta är vårt ögonblick av räkning. Revolutionen är redan på gång, med AI-system som tyst omskriver reglerna för engagemang i varje bransch. Från den sterila precisionen hos diagnostiska verktyg på **Mayo Clinic** till kodslingande skicklighet hos assistenter från **OpenAI** och **GitHub** , från de eleganta algoritmiska dukarna som produceras av **DALL-E** och **Midjourney** till den obevekliga logiken som styr företagens styrelserum, varje sektor förvandlas på sätt som trotsar traditionell visdom. Och även om vissa kanske ser dessa förändringar som ett förebud om föråldrad för den mänskliga arbetsstyrkan, väljer jag att se dem som en katalysator för återuppfinning.

Vi står vid ett vägskäl, som inte definieras av föråldrade föreställningar om arbete eller begränsas av begränsningarna i vårt förflutna, utan stärks av potentialen att omforma våra roller i ett samhälle som prisar både effektivitet och den oförutsägbara magin i mänsklig kreativitet. Det är upp till oss att bestämma hur vi navigerar i denna turbulenta övergång - att återta vårt narrativ och hävda att den mänskliga anden, med allt dess kaos och skönhet, fortfarande har en viktig roll att spela.

I varje bakslag, varje hjärtesorg och varje triumf har jag sett den bestående sanningen att teknik kan förändra de verktyg vi använder, men den kan inte fånga hela spektrumet av mänskliga känslor, kreativitet och motståndskraft. Resan framåt kan vara kantad av osäkerhet, men den är också mogen med möjlighet - en chans att kartlägga en ny kurs där maskinerna hanterar det vardagliga samtidigt som vi fokuserar på livets meningsfulla, transformativa och vackert oförutsägbara aspekter.

När jag avslutar det här kapitlet av reflektion påminns jag om att trots den obevekliga anstormningen av data och digital effektivitet, förblir kärnan i vår erfarenhet rotad i vår förmåga att känna, drömma och skapa något som överskrider enbart beräkningar. Det är just denna mänskliga egenskap - en blandning av ofullkomlighet, passion och hopp - som i slutändan kommer att definiera vår plats i denna utvecklande berättelse.

Jag inbjuder dig, kära läsare, att omfamna denna förvandling med en blandning av skepsis och förundran. Låt oss navigera i dessa okända vatten med samma fräckhet som har drivit oss att erövra nya gränser gång på gång. Vägen framåt är osäker, och algoritmerna kan diktera rytmen för handel, sjukvård, juridik och konst – men de kan inte diktera våra hjärtans slag, gnistan av vår kreativitet eller den vilda, ohållbara essensen av vårt väsen.

På dessa sidor har vi bara skrapat på ytan av en revolution som skriver om varje aspekt av vårt arbete och liv. Må vår kollektiva resa inte definieras av resignation, utan av den djärva trotsen av en ande som vägrar att bli inramad av effektivitetsmått eller strömlinjeformad med kod. Låt detta vara en berättelse om återupptäckt - en berättelse där vi lär oss att balansera teknikens kalla, orubbliga precision med den häftiga, oförutsägbara skönheten i den mänskliga själen.

Och så, när vi går vidare till okänt territorium, är jag fortfarande fast besluten att hålla konversationen vid liv, att dela de råa sanningarna i en värld som förvandlats av teknik och att påminna oss alla om att, oavsett hur avancerade våra verktyg blir, kommer det alltid att finnas en plats för mänsklighetens röriga, livfulla puls. Revolutionen är inte slutet - det är helt enkelt en ny början, en som utmanar oss att omdefiniera vad det innebär att arbeta, leva och verkligen leva.

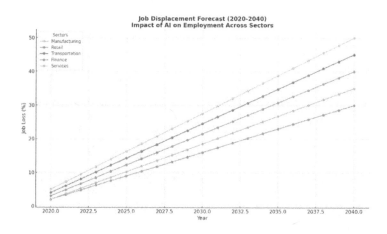

Maskinen kan ta fram felfria juridiska trosor, komponera symfonier som skulle få även den mest trötta maestro att gråta och hamra ut artiklar med precisionen av en erfaren journalist. Och ändå kommer den aldrig att förstå varför ett klumpigt skämt knäcker oss eller varför en enda tår kan tala högre än tusen vältaliga ord. Det finns en rå, oprogrammerad kvalitet i mänskligt liv - en kaotisk blandning av passion, ironi och råa känslor - som ingen sammansättning av kiselchips någonsin kan hoppas på att simulera. Den svårfångade gnistan av ofullkomlighet är vår största tillgång, en hemlig ingrediens som blåser liv i både våra missöden och motgångar.

Föreställ dig en tid då vi var tvungna att kämpa för varje tum av framsteg, en period som präglades av ansträngande timmar, obevekliga motgångar och den eviga klådan för att bevisa att vi var mer än bara kuggar i en oändlig maskin. Idag, när tekniken galopperar framåt som en otyglad hingst, tvingar den oss att konfrontera en häpnadsväckande fråga: Hur överlever vi anstormningen av precisionskonstruerad effektivitet? Det handlar inte om att utmana den kalla, obevekliga logiken hos våra digitala efterträdare; snarare handlar det om att återanvända deras kusliga noggrannhet för att befria oss från rutinens själskrossande monotoni. Föreställ dig ett liv där slitet med datainmatning och oändligt pappersarbete tonar i bakgrunden och lämnar utrymme för konst, anslutning och ren glädje av att bara vara.

Jag minns de tidiga dagarna på **Incoco** och den svindlande, råa energin av att bygga något ur ingenting på **Viewmy.tv** . Varje bakslag var en läxa, varje seger en flyktig glimt av vad som kunde vara möjligt om vi vågade drömma bortom det förutsägbaras trygga gränser. På den tiden handlade innovation inte bara om att utnyttja teknik - det handlade om att ingjuta hjärta och humor i varje projekt , förvandla misslyckanden till språngbrädor och vardagliga rutiner till ögonblick av uppror. Den andan av obevekliga experimenterande och grym beslutsamhet är något som ingen algoritm, hur sofistikerad den än är, någonsin kan fånga.

Företagens makthallar - från glänsande skyskrapor i **New York till Tokyos** pulserande affärsdistrikt - ekar nu av diskussioner inte bara om vinster och effektivitet, utan om de seismiska förändringarna som skvalpar genom våra yrkesliv. Titaner som **Google** och **Goldman Sachs** har kastat miljarder på artificiell intelligenss altare och satsat på att maskiner kan göra det tunga lyftet av beslutsfattande och dataanalys. Ändå ligger berättelser om verkliga mänskliga kostnader bakom de snygga presentationerna i styrelserummet. Under 2023 och de första månaderna av 2024 inledde både **Google** och **Amazon** genomgripande uppsägningar, och antalet uppgick till hundratusentals inom olika tekniksektorer. I Indiens livliga IT-korridorer avdunstade över 500 000 jobb mellan 2022 och april 2024, när företag kraftigt svängde mot automatisering. Över Atlanten avslöjade data från januari 2025 att IT-arbetslösheten i USA steg från 3,9 % i december 2024 till 5,7 % redan nästa månad – en häpnadsväckande ökning som fick cirka 54 000 skickliga yrkesverksamma att leta efter nya roller.

Ändå dök det upp en parallell berättelse för varje slutat kontor och uppsagd anställd - en berättelse om återuppfinnande och oväntade möjligheter. Medan stora företag omkalibrerade sina strategier kring automatiserad effektivitet, grävde akademiska institutioner och forskningskraftverk som **Oxford** och **Cambridge** djupt in i mekaniken bakom denna tekniska metamorfos. I föreläsningssalarna och debattforumen brottades professorer och forskare med implikationerna av AI-driven automation och analyserade dess inverkan på samhället med en blandning av teknisk skärpa och filosofisk förundran. Vid evenemang som **Global Fintech Summit** i London och de häftiga men ändå spännande **IEEE-** symposierna i San Francisco, presenterade experter data som underströk både de potentiella fördelarna – som skyhöga produktivitet och strömlinjeformad verksamhet – och de skarpa mänskliga kostnaderna, inklusive omfattande arbetsförflyttningar och det akuta behovet av omfattande omskolningsprogram.

Det var inte bara den privata sektorn som kände skakningarna. Maktens korridorer i statliga institutioner genomgick också radikala omvandlingar. Politiker som antogs under **Trump-administrationen** , som senare försvarades av figurer som **Elon Musk** genom initiativ ledda av **Department of Government Efficiency (DOGE)**

, inledde en ny era av byråkratisk översyn som medförde stora huvudvärk för människor som förlorade sina jobb. Federala myndigheter befann sig i frontlinjen av denna revolution. I början av mars 2025 hade organ som **General Services Administration (GSA)** sett hela divisioner, som 18F-enheten, upplösas i effektivitetens namn. Vid sidan av dessa drastiska åtgärder genomgick organisationer inklusive **utbildningsdepartementet** och **Consumer Financial Protection Bureau** genomgripande omorganisationer, och integrerade AI-verktyg i alla aspekter av deras verksamhet. Dessa initiativ, utformade för att minska budgetar och eliminera uppsägningar, väckte heta debatter om urholkningen av institutionell visdom och den potentiella försämringen av kvaliteten på offentliga tjänster.

Siffrorna är häpnadsväckande, och de målar upp en bild av både aldrig tidigare skådad störning och ofattbara möjligheter. En rapport från **Goldman Sachs** 2023 förutspådde att obevekliga framsteg inom AI skulle kunna göra upp till 300 miljoner heltidsjobb föråldrade till 2030 - en prognos som kan tyckas vara en tekno-dystopisk profets stök. Ändå är denna olycksbådande prognos inte bara en spekulativ varningsklocka; det är en klar uppmaning att ompröva vår roll i ett samhälle som alltmer domineras av automatisering. Samtidigt avslöjade en studie från **World Economic Forum** en fascinerande dikotomi: medan cirka 41 % av företagen planerade att minska sitt antal anställda i områden som är mottagliga för automatisering, ökade så många som 77 % samtidigt initiativ för att utbilda sin personal för att samarbeta med AI. Denna dubbelhet - den samtidiga marschen av nedskärningar och investeringar i humankapital - belyser en paradox i hjärtat av vår teknologiska era. Automation är inte en monolitisk kraft för förstörelse; det är likaväl en katalysator för transformation, som driver oss att vända oss mot roller som kräver kreativitet, strategisk framsynthet och den där alltför mänskliga touchen av empati.

Mitt i ett samhälle som grips av en stilla, obeveklig omvälvning, växer en berättelse lika rå och kompromisslös som den tid vi lever igenom. Den stadiga marschen av AI och automatisering är inte bara en serie mekaniska förbättringar - det är ett seismiskt skifte som omdefinierar hur vi förstår arbetet och vår plats inom det. Tänk på den skarpa verkligheten: den amerikanska utbildningsavdelningen förbereder sig för att skära ner hälften av sin personalstyrka, ett drag som säger mycket om den orubbliga strävan efter effektivitet. Nästan hälften av alla företag, 41 % för att vara exakt, bereder sig på att minska personalstyrkan till 2030, eftersom AI lovar att ta bort lager av traditionell sysselsättning. Till och med de heliga hallarna på Wall Street rustar sig för ett slag - 200 000 jobb förväntas försvinna när den digitala tidvattnet gör anspråk på sin rätt.

Ändå, när dessa siffror skymtar stora och skrämmande, består den mänskliga upplevelsen i sin trotsiga, oförutsägbara härlighet. På trånga trottoarer och i de livliga hörnen av urbana kaféer finns det ögonblick som trotsar algoritmiska beräkningar - ett delat skratt mellan främlingar, en impulsiv utbrott av kreativitet som utlösts av det vardagliga, eller den tysta beslutsamheten hos en konstnär vars verk handlar lika mycket om processen som det är den slutliga skapelsen. Det är i dessa spontana, röriga tillfällen som vi finner vårt sanna värde, ett värde som inte kan destilleras till kalkylblad eller kod.

Det här är en berättelse om förvandling, inte om kapitulation. Den tekniska sprången signalerar inte slutet på mänskliga strävanden utan kräver istället en djupgående återuppfinning av våra roller. Den noggranna, systematiska logiken hos AI kan utmärka sig i repetitiva uppgifter, men den saknar den kaotiska briljans som ger bränsle till genuin innovation. Företagsledarna från det förflutna fram till nu har alla byggt sina imperier på denna oförutsägbara mänskliga gnista, en egenskap som ingen maskin någonsin kan replikera, men när det gamla anställningsgardet faller sönder finns det en obestridlig uppmaning att utnyttja de digitala systemens precision som en startplatta för kreativitet snarare än som en avgörande av våra öden.

Trycket är påtagligt. Branscher som en gång frodades på mänsklig beröring står nu inför en brutal räkning när automatisering sveper in med klinisk effektivitet. Uppsägningarna och nedskärningarna är inte bara abstrakta siffror - de representerar liv som störts, karriärer avvecklade och en kollektiv ångest som krusar genom samhällen. För dem som har ägnat decennier åt att bemästra sitt hantverk är den skarpa verkligheten att själva grunden för deras expertis utmanas av algoritmer som aldrig sover. Ändå, mitt i denna omvälvning, finns det en möjlighet att återupptäcka de djupa reservoarerna av motståndskraft som definierar oss som människor.

Denna period av störningar tvingar oss att ställa obekväma frågor: Hur omdefinierar vi våra identiteter när roller vi en gång vördade blir föråldrade över en natt? Svaret, även om det är komplext, ligger i vår förmåga att återuppfinna oss själva. Det är inte en fråga om att stå emot den oundvikliga utvecklingen av framsteg utan om att anamma en mer flytande, dynamisk förståelse av arbete - en som värdesätter kreativitet, empati och den oförutsägbara rytmen i mänskligt tänkande. Initiativet att omskola och omskola arbetare, som förespråkas av visionära organisationer och som återspeglas i studier av grupper som **World Economic Forum** , understryker en kritisk svängpunkt. Istället för att hålla fast vid föråldrade modeller, finns det en växande insikt om att mänsklig uppfinningsrikedom och maskineffektivitet inte behöver stå emot varandra, utan istället kan samexistera i en synergistisk dans.

I tystare stunder av eftertanke – när det ständiga brummandet av digital innovation bleknar till en kontemplativ tystnad – framträder en klarhet som är både ödmjukande och inspirerande. Den obevekliga strävan efter effektivitet, förkroppsligad av kalla, kliniska datapunkter, står i skarp kontrast till människolivets röriga, levande gobeläng. Det är i vår sårbarhet, vår förmåga att göra fel och vår förmåga att drömma bortom logikens begränsningar som vi finner vår verkliga styrka. Berättelsen handlar inte om nederlag utan om en modig förvandling. Det är en uppmaning att bryta sig loss från gränserna för roller som inte längre tjänar oss och att skapa utrymmen där den mänskliga anden kan frodas ohämmad av rutin.

De genomgripande förändringarna på arbetsmarknaden är ett bevis på vår tids skiftande paradigm. Medan den digitala revolutionen avvecklar den gamla ordningen, lägger den också grunden för en renässans – en återuppväxning av roller som värdesätter de unika mänskliga egenskaperna passion, empati och kreativitet. Föreställ dig att byta ut gränserna för de traditionella nio-till-fem för ett liv utan bördor av monotona uppgifter, där varje dag är en duk som väntar på innovationens penseldrag. Teknikens roll förvandlas dramatiskt i detta sammanhang, och utvecklas från en stel överherre till en befriare som låser upp nya möjligheter. Det utmanar oss att omdefiniera inte bara vad vi gör, utan vilka vi är när vi är fråntagna de förutsägbara rutiner som länge har definierat våra professionella identiteter.

Ändå är övergången allt annat än smidig. Kostnaderna för automatisering är påtagliga och ofta smärtsamma. Förskjutningen av sedan länge etablerade karriärer, den plötsliga förlusten av yrkesidentiteter och den känslomässiga avgiften av att bli kasserad av system byggda på effektivitet är ärr som sitter djupt. Berättelserna om dem som fördrivits av tekniska förändringar - en gång uppskattade experter inom sina områden - tjänar som en nykter påminnelse om att framsteg ofta kommer till ett högt mänskligt pris. Uppsägningarna vid större institutioner är inte bara statistik som ska bearbetas; de är upplösningen av liv som har vävts in i vårt samhälles struktur.

Trots det finns det ett motståndskraftigt trots inför denna motgång. Varje förlorat jobb bär inom sig fröet till potentiell pånyttfödelse - en uppmaning att ombilda och återskapa sin väg med förnyad kraft och en orubblig tro på kreativitetens transformativa kraft. Det är i akten att resa sig efter ett fall som det sanna mått på vår ande avslöjas. När vi navigerar i dessa turbulenta tider uppstår en kollektiv beslutsamhet att kartlägga en kurs som inte definieras av automatiseringens kalla logik, utan av den varma, kaotiska pulsen av mänsklig erfarenhet.

Det här kapitlet handlar lika mycket om anpassning som om evolution. Den inbjuder oss att återta berättelsen om våra arbetsliv, att fira den ofullkomliga skönheten i mänskliga strävanden och att skapa nya vägar som hedrar vårt inneboende behov av anslutning och kreativitet. Den obevekliga ökningen av AI och automatisering kanske drar om gränserna för vad som är möjligt, men det kan inte släcka den okuvliga gnistan som väcker vår fantasi. Berättelsen om den här eran handlar inte om resignation - det är en uppmaning att ombilda, återuppfinna och återkoppla med själva essensen av vad det innebär att vara människa.

I slutändan är omvandlingen som sveper över branscher en spegel som hålls upp till vår kollektiva själ. Det tvingar oss att konfrontera inte bara de skarpa verkligheterna med förskjutning av jobb och ekonomiska störningar utan också de tidlösa sanningarna om vår förmåga att återuppfinna. Varje utmaning som den digitala revolutionen innebär är en inbjudan att återupptäcka våra styrkor, att omdefiniera framgång i termer som överskrider enbart produktivitet, och att omfamna en framtid skulpterad av passion, kreativitet och den oupphörliga drivkraften att hitta mening i ett snabbt föränderligt landskap.

Sector Impact Matrix	Low Opportunity	High Opportunity
High Vulnerability (*Industries at high risk of AI automation*)	**Manufacturing** (assembly line jobs), **Retail** (cashiers, store clerks), **Transportation** (truck drivers, taxi services), **Administrative Work** (data entry, clerical jobs)	**Financial Services** (automated trading, AI-driven risk analysis), **Customer Support** (AI chatbots, automated help desks), **Legal Services** (AI contract analysis, document review), **Healthcare Diagnostics** (radiology AI, automated screening)
Low Vulnerability (*Industries resistant to AI automation*)	**Skilled Trades** (electricians, plumbers, construction workers), **Personal Care Services** (elder care, nursing, therapy), **Education** (primary school teachers, special needs educators), **Social Work** (counselors, community service)	**AI Development** (machine learning engineers, data scientists), **Creative Industries** (artists, musicians, writers, filmmakers), **Entrepreneurship** (business innovation, start-ups), **Ethical AI Governance** (policy experts, AI ethics regulators)

Så, vad händer när den obevekliga precisionen hos AI möter det ohämmade kaoset av mänsklig kreativitet? Svaret är lika komplext som övertygande. Det är en dans mellan logik och passion, en delikat balansgång som tvingar oss att konfrontera våra djupaste rädslor och i slutändan att omdefiniera vad framgång betyder i en tid där maskiner kan göra nästan allt – men inte allt. Utmaningen är inte bara att anpassa sig till denna nya ordning, utan att frodas i den genom att återupptäcka vår medfödda förmåga till förundran, för uppror mot medelmåttighet och för strävan efter passioner som trotsar kvantifiering.

När jag tittar på den snabba omformningen av branscher, från höginsatsförhandlingarna i företagens styrelserum till oberoende kreatörers tysta, beslutsamma steg, slås jag av en unik sanning: tekniken kanske omdefinierar våra professionella landskap, men den kan aldrig beröva oss vår mänsklighet. Det är den råa, ofiltrerade skönheten i vårt tillstånd - en skönhet som består även när våra roller omkonfigureras och våra rutiner ändras. Den digitala revolutionen, trots alla dess löften och faror, fungerar i slutändan som en bakgrund mot vilken människolivets livfulla gobeläng målas upp.

I slutändan är det inte perfektionen av AI som kommer att definiera vårt arv - det är vår förmåga att skratta åt vår egen absurditet, att omfamna våra misslyckanden som språngbrädor och att skapa mening ur kaos. Teknikens obönhörliga frammarsch kan tvinga oss att tänka om våra roller, men den kan aldrig radera den vilda, otämjda andan som alltid har legat i hjärtat av våra kreativa strävanden . När gränserna mellan mänsklig ansträngning och automatiserad precision suddas ut, står vi kvar med ett enkelt men djupgående val: att överlämna vår unika essens till en värld av steril effektivitet, eller att ta tillfället i akt att återupptäcka den råa glädjen av att vara oapologetiskt mänsklig.

Detta är inte en berättelse om motstånd mot oundvikliga framsteg; det är en uppmaning till vapen för själen - en påminnelse om att även när algoritmer tar över det vardagliga, förblir kärnan i vår existens en intrikat mosaik av passion, ofullkomlighet och gränslösa möjligheter. Varje utmaning, varje omvälvning, varje tår som fälls inför överväldigande förändring är ett bevis på vår uthålliga förmåga att resa sig, att återuppfinna och skapa något som ingen maskin, oavsett hur avancerad, någonsin skulle kunna replikera.

I slutändan, medan den obevekliga framstegen för AI och automatisering omformar strukturen i vår dagliga existens, är det vår oupphörliga förmåga att drömma, att fela och att fira livets oförutsägbara magi som i slutändan kommer att kartlägga vårt ödes kurs. Och kanske är det, mer än någon beräknad metrik eller algoritmisk prognos, den enda sanningen vi bör hålla kära när vi navigerar i denna modiga nya era.

Kapitel 5: Uppkomsten av AI-vd:ar – företag utan människor

Jag tänker på den tiden då själva föreställningen om en algoritm som driver ett företag skrattades ut ur styrelserummen och avfärdades som en sci-fi-dagdröm. Nu, om du blinkar, kanske du missar den häpnadsväckande förvandlingen som utspelar sig framför våra ögon. Övergången är inte någon avlägsen möjlighet - det är en obeveklig, pågående metamorfos som omformar industrier och upphäver varje förutfattad uppfattning om ledarskap och arbetskraft . Min resa in i denna nya verklighet började med ett ryck av koffein och en djup, orolig nyfikenhet på hur artificiell intelligens i tysthet skrev om ledningens regelbok.

Det började med viskningar i korridorerna på tekniska konferenser – rykten om system som kunde överträffa, överträffa och manövrera även de mest kunniga mänskliga cheferna. Jag minns att jag deltog i ett internationellt toppmöte 2018 där en professor slentrianmässigt nämnde att snart nog skulle traditionella examina blekna i jämförelse med en algoritm finjusterad för att optimera lönsamheten från första gången. Hans ord, levererade med en blandning av torr humor och skarp realism, tände en gnista hos alla närvarande. Det var inte bara en djärv förutsägelse – det var en förklaring om att det gamla gardet snabbt blev föråldrat.

Spola framåt några år, och vi står ansikte mot ansikte med innovationer som verkar rivas direkt från en cyberpunk-roman. Ta **AlphaExec** , till exempel - en idé av ett trassligt team av ingenjörer och riskkapitalister som vågade fråga: varför måste mänskliga fel stå mellan företag och maximal effektivitet? Det här är inte något halvdant experiment; **AlphaExec** är ett komplett system som bearbetar dataströmmar från konsumentbeteende till globala ekonomiska trender i realtid. Dess debutprestanda skickade krusningar genom industrier, sänkte driftskostnaderna med nästan 30 % och accelererade produktutvecklingscyklerna i en rasande takt. För rutinerade chefer var det ett oförskämt uppvaknande: intuition och personlig charm hade inte längre monopol på ledarskap. Istället var det kall, orubblig, datadriven precision som satte nya riktmärken.

Jag fann mig själv fängslad av fräckheten i denna utveckling. Här var tekniken inte nöjd med att förstärka mänskliga förmågor utan fast besluten att ersätta själva beslutsprocessen som en gång hade varit provinsen för karismatiska personer som är större än livet. Vid evenemang där chefer brukade byta skämt om inspirerande ledarskap, skiftade konversationen till mått, algoritmer och den stora hastigheten med vilken data kunde omvandlas till avgörande handling. Debatterna var lika hetsiga som fascinerande, med vissa hävdade att mänsklig intuition var en oersättlig tillgång, medan andra insisterade på att maskinens obevekliga logik var det enda sättet att säkerställa framsteg.

Det finns en obestridlig skönhet i denna nya ordning – en sorts rå effektivitet som verkar nästan brutal i sin enkelhet. Jag minns att jag hörde talas om en multinationell återförsäljare, **HyperMart** , som helt hade sett över sina uppfyllelsestrategier med hjälp av ett AI-system som övervakade lager, förutspådde konsumenttrender och till och med finjusterade lagerdrift. Inga fler peptalk eller motiverande möten; systemet fungerade outtröttligt, 24/7, beräknade risker och belöningar med oklanderlig noggrannhet. Branschinsiders förundrades över de operativa vinsterna medan de tyst sörjde den gradvisa urholkningen av vad de en gång ansåg vara oumbärlig mänsklig insikt.

Ändå, som med alla revolutioner, kostade den obevekliga jakten på effektivitet en kostnad. Jag har träffat människor - verkliga individer av kött och blod - vars karriärer och målmedvetenhet har hävts utan ceremonier av denna nya regim. Berättelsen handlar inte om rent framsteg utan en bitterljuv förvandling. Mitt bland styrelserum och automatiserade fabriker finns det själar som kämpar för att finna mening. När en algoritm bestämmer att en produktionslinje inte är tillräckligt lönsam är beslutet snabbt och skoningslöst. Tänk på fallet med **Dorman Products** , en välkänd tillverkare av bildelar med djupa rötter i industricentra som Detroit. I ett försök att modernisera integrerade de ett AI-system som övervakade varje nyans av deras produktionsprocesser. Resultatet? Flera rader ansågs plötsligt vara ineffektiva, vilket utlöste en kaskad av uppsägningar som fick långtidsanställda att haka på. Vid ett möte i samhället sammanfattade en arbetare, med ögon som väller av misstro och frustration, den kollektiva ångesten: det här handlade inte bara om siffror - det handlade om försörjning, värdighet och den oersättliga mänskliga beröringen som ingen maskin kunde efterlikna.

Liknande historier har utspelats i andra hörn av världen. I Brasilien rullade **Magneti Marelli do Brasil** - en pelare i den regionala bildelsindustrin sedan slutet av 1980-talet - ut ett AI-drivet system utformat för att effektivisera produktionsscheman och logistik. På pappret var fördelarna bländande: lägre kostnader, högre produktivitet och ett löfte om obeveklig precision. Men när systemets datacentrerade logik tog över, stängdes flera tillverkningsenheter ner nästan över en natt. Chockvågorna kändes inte bara i balansräkningarna utan i själva strukturen i de samhällen som hade varit beroende av dessa jobb i generationer. Fackföreningar samlades, protester följde och den lokala debatten vände sig kraftigt mot behovet av skyddsåtgärder som skyddar mänsklig välfärd inför orubblig effektivitet.

Över hela Europa utspelade sig dramat i en lika dramatisk skala. **Hella** , ett anrikt tyskt företag med ett arv av teknisk briljans, var bland de första att implementera ett AI-system för att optimera sina produktionslinjer. **Volkswagen** , en annan titan inom bilsektorn, experimenterade med liknande teknik för att öka kvalitetskontrollen och operativ effektivitet. Vid första anblicken såg dessa initiativ ut som ett mästerverk - solida resultat, imponerande vinster och en tydlig väg till högre vinster. Men under ytan var konsekvenserna komplexa. Den obevekliga tillämpningen av algoritmiska standarder ledde till att flera produktionsenheter stängdes, vilket utlöste intensiva debatter om det etiska ansvaret för företag som utövar sådan transformativ kraft. Akademiker och branschexperter påpekade att även om AI kan inleda dramatiska förbättringar av produktiviteten, kan de sociala kostnaderna - särskilt destabiliseringen av lokala arbetsmarknader - inte ignoreras.

Inte ens finanssektorn har varit immun mot dessa seismiska förändringar. Stora banker och värdepappersföretag har länge förlitat sig på mänsklig expertis för att fatta viktiga beslut. Nu anförtror de i allt högre grad sina strategier till maskininlärningsmodeller som kan analysera marknadsdata inom bråkdelar av en sekund. Vid ett framstående fintech-toppmöte 2022 förutspådde en ekonom att de mänskliga handlarnas ålder kan närma sig sitt slut. Istället växte algoritmer fram som de nya beslutarna för högfrekvent handel och strategiska investeringsbeslut. Framstående röster på området hävdade att de mest lovande investeringsmöjligheterna snart skulle tillhöra de företag som minimerat mänskliga fel genom att lämna över kritiska beslut till maskiner.

Vad betyder allt detta för oss - bara dödliga som försöker hitta vår fot i ett landskap som verkar drivas på ren logik och obeveklig effektivitet? För många har uppkomsten av AI-drivet beslutsfattande utlöst en djup, existentiell kris. De roller som en gång definierade yrkesidentitet – oavsett om det är VD, projektledare eller skicklig hantverkare – omdefinieras. Människor förpassas i allt högre grad till nischer som kräver kreativitet, empati och innovation; eller ännu värre, de skjuts åt sidan helt. Frågan som förföljer varje arbetare, varje chef och varje nyfiken observatör är skarp och enkel: om maskiner hanterar alla aspekter av arbetet, vad har vi då kvar?

Jag har tillbringat otaliga sömnlösa nätter med att brottas med detta dilemma. Min egen karriär i tekniska skyttegravarna byggdes på långa, ansträngande timmar som präglades av frenetiska problemlösningssessioner. Jag tänker tillbaka på de dagar då jag fick en SMS-servervarning och jag klättrade upp ur sängen för att stirra blåögda på serverloggar, mina fingrar darrade på tangentbordet när jag försökte återställa en applikationspool som inte fungerade. Då var skärmens glöd både min följeslagare och min plågoande. Kraven var obevekliga och marginalen för fel var knivskarp. Ändå lärde mig just dessa utmaningar något avgörande: effektivitet, hur lockande den än är, är ihålig utan mänsklig insikt och förmåga till anslutning. Oavsett hur sofistikerad algoritmen är, kan den inte ersätta den röriga, vackra och oförutsägbara naturen hos mänskliga tankar och känslor.

Det finns en ironi i det hela - en läcker motsägelse som får dig att vilja skratta, gråta och skaka på huvudet i misstro. Här är vi och tävlar mot en framtid där robotar kan vara bättre på att knäcka siffror och fatta beslut på en del av en sekund än någon människa någonsin kan hoppas på att vara. Och ändå, mitt i denna blixt av data och digital precision, håller den mänskliga anden envist fast vid sin kreativa, oförutsägbara kärna. Jag har själv sett hur långa timmar av felsökning och felsökning kan skapa en motståndskraft som ingen maskin någonsin skulle kunna härma. Varje bugg som klämdes och varje server startade om var ett bevis på vår obevekliga strävan att anpassa sig, att hålla ut och att hitta mening utöver ren effektivitet.

Ändå är framstegsmarschen orubblig. I alla branscher experimenterar företag med AI-drivna ledningsmodeller som inte lämnar stenen ovänd. Några av de mest inflytelserika rösterna inom tekniken har hävdat att dessa förändringar inte handlar om att avhumanisera våra arbetsplatser utan om att befria oss från de vardagliga och repetitiva uppgifter som dränerar vår energi. I teorin, om maskiner kan hantera slitet, borde vi inte vara fria att utforska vår kreativa potential? Det är ett lockande förslag, ett som lovar en renässans av mänsklig uppfinningsrikedom - men det är inte utan sina fallgropar.

Ta exemplet med **Oracle** och **Intel** , två jättar som har investerat mycket i AI för att förändra sin verksamhet. Deras initiativ sträcker sig längre än bara effektivitetsförbättringar; de är banbrytande ansträngningar för att omdefiniera hur beslut fattas, hur risker bedöms och hur möjligheter tas tillvara. I styrelserum som domineras av datavetare och algoritmingenjörer, demonteras de gamla modellerna för ledarskap - baserade på maginstinkt och år av svårvunnen erfarenhet - systematiskt. Det finns en påtaglig spänning mellan de som kämpar för maskinens kalla logik och de som tror att gnistan av mänsklig kreativitet är oersättlig. Vid högprofilerade toppmöten rasar heta debatter om ansvarighet och maktens skiftande plats. När ett AI-system fattar ett kritiskt beslut som resulterar i en massiv uppsägning eller ett strategiskt misstag, vem bär det yttersta ansvaret? Är det programmeraren som skrev koden, chefen som distribuerade den eller själva systemet?

Denna fråga om ansvarighet är inte bara akademisk. Den berör grundläggande etiska dilemman som kräver vår uppmärksamhet. När företag använder alltmer autonoma system suddas gränserna mellan mänskligt omdöme och maskinberäkning ut. Juridiska forskare, etiker och insiders inom branschen kämpar för att utveckla ramverk som säkerställer att tekniska framsteg inte sker på bekostnad av social rättvisa och mänsklig värdighet. Själva begreppet företagsansvar håller på att omprövas , och i många fall är lärdomarna från tidiga felsteg lika lärorika som nyktra.

Ett av de mest levande exemplen på denna uträkning kommer från bilindustrin - en sektor som länge har varit synonymt med stolthet och obeveklig innovation. **Dorman Products** , en väletablerad tillverkare med djupa industriella rötter, inledde en radikal resa för att modernisera sin verksamhet med hjälp av ett AI-system.

Målet var tillräckligt enkelt: utnyttja stora strömmar av realtidsdata för att optimera produktionen och trimma kostnaderna. Men avrättningen avslöjade en skrämmande sanning. Systemets besatthet av kvantitativa mått ledde till att flera produktionslinjer plötsligt stängdes av, beslut fattade utan en nyanserad förståelse för den mänskliga kostnaden bakom varje nummer. Nedfallet var omedelbart och allvarligt. Långtidsanställda befann sig plötsligt arbetslösa, och samhället som en gång var beroende av dessa jobb blev tråkigt. På ett lokalt forum organiserat av ett närliggande universitet darrade en påverkad arbetarröst av en blandning av ilska och förtvivlan, när han beklagade att ingen algoritm någonsin skulle kunna fånga den djupa känsla av förlust som åtföljer urholkningen av en försörjning.

Liknande berättelser dök upp i andra delar av världen. I **Magneti Marelli do Brasil** , en ikonisk leverantör av bildelar baserad i São Paulo, utlovade en högteknologisk översyn betydande effektivitetsvinster. Men när det nya systemet ansåg att vissa tillverkningsenheter var överflödiga, blev resultatet inte bara en finansiell omkalibrering utan en social katastrof. Protester utbröt när lokala fackföreningar krävde ansvarsskyldighet och en omprövning av prioriteringar – och påminde alla om att även den mest avancerade tekniken måste dämpas med medkänsla och förståelse för dess verkliga inverkan.

Den europeiska upplevelsen lade ytterligare ett lager till detta utspelade drama. **Hella** , ett företag med ett historiskt arv inom fordonsteknik, introducerade ett AI-system med målet att förbättra sin globala leveranskedja och produktionsprocesser. De omedelbara resultaten var imponerande: ökad produktivitet, strömlinjeformad verksamhet och ökad lönsamhet. Men eftersom flera underpresterande rader avskaffades med hänsynslös effektivitet, blev den mänskliga avgiften omöjlig att ignorera. Den offentliga granskningen intensifierades och debatter virvlade runt det etiska ansvaret för företag som är snabba att ta till sig maskinlogik på bekostnad av gemenskapsstabilitet. Även **Volkswagen** fann sig själv brottas med liknande utmaningar när de experimenterade med AI-drivna kvalitetskontrollåtgärder och processoptimering. Den dubbla berättelsen om anmärkningsvärda operativa vinster stod i skarp kontrast till de mänskliga kostnaderna, vilket tvingade alla inblandade att konfrontera den obekväma sanningen att även de mest briljanta tekniska lösningarna måste hållas till en högre standard av socialt ansvar.

Och så finns det de finansiella trollkarlarna i snygga skyskrapor, som orkestrerar högfrekventa affärer och investeringar på flera miljoner dollar med hjälp av AI-algoritmer som kan smälta marknadsdata på millisekunder. Den traditionella bilden av en börsmäklare som dunkar på ett tangentbord i ett rökigt bakrum ersätts av scener av tyst, beräknad effektivitet i moderna handelsgolv. Vid en anmärkningsvärd fintech-konferens 2022 förutspådde en ekonom att de mest lukrativa möjligheterna snart skulle tillhöra företag som skulle kunna eliminera mänskliga fel genom algoritmisk precision. Uppfattningen slog an hos såväl investerare som beslutsfattare, som insåg att även om sådana system kunde leda till häpnadsväckande vinster, riskerade de också att åsidosätta de nyanserade bedömningar som bara mänsklig erfarenhet kan ge.

Genom alla dessa omvälvningar förblir ett tema konstant: det akuta behovet av att omdefiniera vad arbete innebär i en tid som styrs av maskiner. Under decennier utgjorde sysselsättningen inte bara en inkomstkälla utan också en ram för personlig identitet och gemenskapstillhörighet. Nu när AI-system börjar ta ansvar som en gång tillhörde mänskliga beslutsfattare, uppstår frågan: om maskiner hanterar de intrikata detaljerna i den dagliga verksamheten, vad är då människans roll? Svaren är lika varierande som de är oroande. Vissa hävdar att människor kommer att förpassas till kreativa och övervakande roller, deras bidrag värderas endast när de lägger till ett distinkt mänskligt element till annars mekanistiska processer. Andra fruktar att hela delar av arbetsstyrkan kommer att bli föråldrade, deras kompetens överträffas av algoritmernas orubbliga logik.

Jag har brottats med dessa frågor i min egen karriär och reflekterat över de otaliga nätterna jag tillbringade med att reda ut komplex kod och dechiffrera kryptiska felmeddelanden. Det fanns tillfällen då jag kände mig som en kugge i en oändlig maskin - en obeveklig strävan efter effektivitet som lämnade lite utrymme för misstag, eller för den röriga, vackra oförutsägbarheten hos mänsklig kreativitet. Mina tidiga dagar i teknikbranschen präglades av spänningen att lösa pussel och glädjen över ett genombrott, men de präglades också av utmattningen av 18-timmars arbetspass och den ständiga pressen att prestera. I efterhand handlade dessa perioder av intensivt arbete inte bara om att hålla systemen igång – de handlade också om att upptäcka gränserna för mänsklig uthållighet och det inneboende behovet av balans.

Den balansen förblir dock svårfångad i en miljö där algoritmer aldrig sover, aldrig tröttnar och aldrig kompromissar. Framväxten av AI-chefer – förkroppsligade av system som **AlphaExec** – utmanar oss att konfrontera en skarp verklighet: om maskiner kan optimera alla aspekter av verksamheten med passionerad noggrannhet, vilket unikt värde tillför vi då till bordet? Svaret, tror jag, ligger inte i att konkurrera med en algoritms obevekliga effektivitet utan i att omfamna våra distinkt mänskliga egenskaper - vår förmåga till empati, vår förmåga att drömma och vår envisa vägran att reduceras till enbart datapunkter.

Jag har ofta undrat om denna obevekliga strävan efter effektivitet en dag kan tvinga oss att ompröva våra egna föreställningar om syfte och uppfyllelse . Föreställ dig ett samhälle där traditionellt arbete inte längre är den centrala pelaren i det dagliga livet - där slitet med repetitiva uppgifter har ersatts av möjligheter att utforska konst, filosofi och samhällsengagemang. Det är en lockande vision, men den kommer med sin egen uppsättning osäkerheter. Om maskiner tar över huvuddelen av operativa uppgifter kan staten behöva träda in för att säkra våra grundläggande behov. Men kan bekvämligheten med garanterad försörjning verkligen ersätta känslan av prestation som kommer av att övervinna utmaningar, oavsett hur vardagliga? Eller kommer frånvaron av strukturerat arbete att leda till ett existentiellt tomrum, en förlust av identitet som ingen mängd social välfärd kan laga?

Krocken mellan maskinprecision och mänsklig kreativitet är ingenstans mer uppenbar än i de debatter som rasar över industrikonferenser och akademiska symposier. Jag minns en videodiskussion 2024 där experter från **MIT** , **Stanford** och **World Economic Forum** bytte hullingar och idéer om hur tekniken förändrar företagsledarskap. En futurist, vars djärva förutsägelser påminde om **Ray Kurzweils** mest djärva visioner, hävdade att majoriteten av multinationella företag snart skulle kunna arbeta enbart på maskinlogik. Hans deklaration skickade krusningar av både spänning och bävan genom publiken. För honom var detta inte en dystopisk mardröm utan en möjlighet – en radikal omtanke om hur beslut fattas, hur risker hanteras och i slutändan hur samhället organiserar sig kring de dubbla pelarna innovation och effektivitet.

Även när dessa höginsatsdebatter utspelar sig i polerade konferenssalar, är verkligheten på fabriksgolvet och på kontoren helt annorlunda. Den obevekliga marschen av AI och automatisering, även om den lovar oöverträffad effektivitet, har fått många arbetare att stirra på vraket av sina en gång säkra jobb. Förvandlingen är påtaglig i alla aspekter av modern industri – från de glänsande korridorerna i **Apple** och

Meta , där AI-verktyg optimerar allt från logistik i logistiken till användarengagemang, till de tråkiga verkstäderna i tillverkningsanläggningar där mänsklig arbetskraft omkalibreras med digital precision. I många avseenden är effekten av denna revolution lika mycket en mänsklig historia som den är en teknisk.

Jag har bevittnat den djupgående inverkan dessa förändringar kan ha på individer och samhällen. I en liten stad som en gång frodades på det stadiga brummandet av tillverkning, utropades införandet av ett AI-ledningssystem som ett genombrott. Inom några månader ansåg dock systemets orubbliga mått att flera produktionslinjer var överflödiga, och de efterföljande uppsägningarna försatte samhället i kaos. Rösterna från de drabbade - arbetare som hade byggt sina liv kring en känsla av syfte - ekade i de tomma korridorerna på fabriker som nu är avklädda från mänsklig närvaro. Deras berättelser fungerar som en kraftfull påminnelse om att även om algoritmer kan optimera operationer, kan de aldrig replikera den invecklade väven av mänsklig erfarenhet.

Ändå, mitt i turbulensen, finns det fortfarande ett flimmer av hopp. Det finns en växande kör av röster - som spänner över beslutsfattare, akademiker och till och med några framåttänkande chefer - som uppmanar till en omkalibrering av vårt tillvägagångssätt. De hävdar att om vi ska utnyttja den enorma potentialen hos AI utan att offra de värden som definierar oss, är en syntes nödvändig. Detta innebär att utveckla robusta ramverk som blandar algoritmisk effektivitet med mänsklig tillsyn, vilket säkerställer att varje beslut, oavsett hur datadrivet, dämpas av etiska överväganden och en genuin oro för socialt välbefinnande. Utmaningen är förstås enorm. Det kräver att man omprövar företagsstyrning, omformar arbetsmarknaderna och i slutändan omdefinierar vad det innebär att vara en bidragsgivare i denna modiga nya era.

Den kanske djupaste lärdomen av allt är att teknik, oavsett hur avancerad den är, alltid kommer att behöva en mänsklig touch. Framväxten av AI-drivet beslutsfattande är inte ett förebud om undergång, utan en uppmaning till handling - en utmaning för var och en av oss att återupptäcka och återta de delar av oss själva som ingen algoritm någonsin kan fånga. Övergången är rörig, kantad av bakslag och oförutsedda konsekvenser, men den är också en inbjudan att slå en ny väg - en som värdesätter kreativitet, empati och motståndskraft framför ren numerisk optimering.

Jag kan inte låta bli att tänka tillbaka på mina tidiga dagar i teknikbranschen – de otaliga nätterna hopryggade över glödande skärmar, ångesten för ett systemavbrott klockan 3 på morgonen och adrenalinkicken av att äntligen få en envis bugg. Dessa upplevelser, även om de var ansträngande , var genomsyrade av en känsla av syfte som ingen automatiserad process kunde replikera. De lärde mig att essensen av innovation inte ligger i en maskins okänsliga precision, utan i den råa, oförutsägbara andan av mänsklig uppfinningsrikedom. Varje utmaning jag ställdes inför var en påminnelse om att vår förmåga att anpassa oss, att skapa och att hålla ut inför överväldigande odds är det som skiljer oss åt.

När landskapet fortsätter att utvecklas har insatserna aldrig varit högre. Företag som **Nvidia** driver fram vad som är möjligt med AI och utnyttjar sin banbrytande hårdvara för att driva på innovationer som spänner över branscher - från spel och hälsovård till bildesign och mer. Förändringstakten är svindlande, och konsekvenserna är djupgående. För varje dag som går ökar klyftan mellan mänskliga förmågor och maskineffektivitet, vilket får oss att ställa svåra frågor om framstegens natur och det pris vi är villiga att betala för obeveklig optimering.

Jag har ägnat mycket tid åt att fundera över dessa frågor under otaliga koppar kaffe och sömnlösa nätter, och ofta hittat tröst i den enkla sanningen att vår största tillgång inte är vår förmåga att beräkna stora mängder data, utan vår förmåga till empati, kreativitet och anslutning. Det är denna mänskliga gnista – den immateriella egenskapen som ingen algoritm kan kvantifiera – som i slutändan kommer att avgöra om vi slukas av automatiseringens vågor eller framstår som arkitekter för ett nytt paradigm. Resan framåt är lika osäker som den är spännande, och var och en av oss måste bestämma hur vi ska navigera i denna tekniska revolutions förrädiska vatten.

Det finns ingen enkel färdplan att följa. Lockelsen med enkel effektivitet är stark, och löftet om oändlig produktivitet kan vara berusande. Men varje gång ett företag som **Meta** avslöjar ett nytt AI-drivet verktyg, eller **Apple** tillkännager en uppdatering som utnyttjar maskininlärning för att effektivisera verksamheten, tvingas vi konfrontera en verklighet som är lika utmanande som revolutionerande. Integreringen av AI i alla aspekter av våra liv är inte en snygg, linjär utveckling utan en tumultartad omvälvning som skakar själva grunden för våra ekonomiska och sociala strukturer.

Övergången är full av motsägelser. Å ena sidan finns det obestridliga dragningskraften hos algoritmer som fungerar dygnet runt, outtröttligt knasande siffror och optimerar processer utan att klaga. Å andra sidan finns den djupa förlusten som följer med förskjutningen av mänskliga arbetare - av de som har byggt sin identitet kring roller som plötsligt görs överflödiga av kodrader. Denna dualitet är kärnan i vår svåra situation: medan teknikens marsch lovar oöverträffad effektivitet, tvingar den oss samtidigt att konfrontera de mänskliga kostnaderna för framsteg.

I denna spretiga berättelse om transformation åtföljs varje genombrott av en avvägning. De innovationer vi hyllar kommer på bekostnad av välbekanta jobb och omhuldade rutiner. Och ändå, mitt i denna omvälvning, finns det en möjlighet - en chans att tänka om och omforma själva konceptet arbete. Istället för att hålla fast vid föråldrade arbetsmodeller kan vi hitta nya sätt att utnyttja vår kreativitet, att odla samhällen som värdesätter mänsklig anknytning framför steril produktivitet, och att bygga system som tjänar oss snarare än att ersätta oss.

Historien om **AI JOB CRISIS** behöver inte bara vara en av förtvivlan, utan om radikal återuppfinning. Det är en krönika om hur tekniken, trots allt den lovar, har tvingat oss att ställa obekväma frågor om vårt syfte, vårt värde och vår plats i ett snabbt föränderligt landskap. När styrelserummen i multinationella företag domineras av AI och robotar hanterar uppgifter som en gång krävde mänsklig finess, blir uppmaningen att omdefiniera våra roller allt högre. Det är en utmaning som kräver både mod och kreativitet – en utmaning att förvandla algoritmernas obevekliga logik till en duk för mänskligt uttryck.

På dessa sidor har jag berättat om berättelser om företagsöversyn, bittra uppsägningar och den orubbliga strävan efter effektivitet. Jag har delat berättelserna om företag som **Dorman Products** , **Magneti Marelli do Brasil** , **Hella** , **Volkswagen** , **Oracle** och **Intel** - var och en ett bevis på teknikens transformativa kraft och den djupgående inverkan den har på samhällets struktur. Deras resor handlar lika mycket om innovation som de handlar om kostnaden för framsteg, och avslöjar en delikat balans mellan teknisk skicklighet och det mänskliga behovet av koppling och mening.

Så här står vi vid ett vägskäl markerat av kisel och kod. Revolutionen inom management är inte längre en avlägsen teoretisk övning – det är en påtaglig, levd verklighet som omformar industrier och omdefinierar liv. När jag ser tillbaka på de långa nätterna som jag ägnade åt att brottas med teknik, ser jag inte bara triumfer av mänsklig uppfinningsrikedom, utan också den skarpa påminnelsen om att ingen maskin någonsin helt kan fånga den vilda, oåterkalleliga andan av mänsklig kreativitet.

Uppgiften framför oss är skrämmande: vi måste utnyttja den obevekliga kraften hos AI och samtidigt bevara de unika egenskaper som gör oss till människor. Det är en utmaning som kräver en noggrann omkalibrering av våra prioriteringar, en vilja att omfamna förändring utan att offra de värderingar som länge har definierat våra samhällen och vårt arbete. De kommande åren kommer att testa vår beslutsamhet, vilket tvingar oss att hitta en balans mellan den kalla precisionen hos algoritmer och den röriga, oförutsägbara skönheten i mänskligt liv.

I slutändan handlar historien om AI-driven ledning inte bara om teknik – det handlar om oss. Det handlar om hur vi väljer att navigera i komplexiteten i ett snabbt utvecklande landskap, hur vi omdefinierar framgång och hur vi bevarar vår mänsklighet mitt i en obeveklig teknisk ström. Maskinerna kan styra styrelserummen, men de kommer aldrig att släcka den gnista som ger vår kreativitet, vår empati och vår orubbliga drivkraft att förstå denna galna, oförutsägbara tillvaro.

När du bläddrar på de här sidorna och fördjupar dig i dramat av **AI JOB CRISIS** , inbjuder jag dig att överväga din egen plats i denna modiga nya era. De val vi gör idag – oavsett om det är i styrelserum dominerade av data eller i workshops där idéer föds ur rå passion – kommer att avgöra arvet vi lämnar efter oss. Revolutionen dikteras inte av kodrader eller en maskins felfria logik; den formas av den röriga, vackra komplexiteten i mänskliga tankar, känslor och beslutsamhet.

Berättelsen framåt är lång, fylld av både triumf och tragedi, innovation och förlust. Men mitt i kaoset och framstegens obevekliga marsch återstår en sanning: vår förmåga att anpassa oss, att drömma och att skapa förbindelser kommer alltid att vara vår mest värdefulla tillgång. I automatiseringens obevekliga våg är det denna anda som erbjuder en väg framåt - en väg som utmanar oss att omdefiniera vad arbete innebär, inte som ett mått på effektivitet eller output, utan som ett levande uttryck för vår mänsklighet.

Avslutningsvis lämnar jag er med denna inbjudan: våga föreställa er ett nytt paradigm där teknologin inte är vår mästare utan vår samarbetspartner; ett landskap där algoritmernas kalla logik dämpas av värmen från mänsklig insikt. Det är i denna syntes som löftet om vår tid kan förverkligas fullt ut - en tid då innovationens triumf mäts inte enbart av siffror, utan av den bestående inverkan vi har på varandra, på våra samhällen och på själva strukturen i vår gemensamma existens.

Denna långa, slingrande resa genom framväxten av AI-driven ledning, ersättningen av mänsklig intuition med algoritmisk precision och den efterföljande sociala omvälvningen är inte avsedd att vara ett föreskrivande manifest. Snarare är det en uppriktig utforskning av en seismisk förändring som utspelar sig framför våra ögon - en transformation som utmanar oss att ifrågasätta allt vi en gång tog för givet om ledarskap, arbete och meningen med arbete.

Insatserna är höga och vägen är kantad av osäkerhet. Ändå, mitt i den obevekliga takten av tekniska framsteg, finns det en möjlighet att skapa något nytt - en omkalibrering av prioriteringar som hedrar både maskinernas effektivitet och den mänskliga andens gränslösa kreativitet. Vår utmaning är att omfamna de oundvikliga förändringarna med både grus och grace, att utnyttja AI:s transformativa kraft samtidigt som vi aldrig förlorar ur sikte de egenskaper som gör oss unikt mänskliga.

I dessa tumultartade tider, när AI-system fortsätter att anta roller en gång reserverade för mänskliga experter, påminns vi om att framsteg inte bara mäts av den hastighet med vilken ett system kan bearbeta data, utan av djupet av insikt, empati och kreativitet som bara en människa kan ge. Revolutionen som utspelar sig över branscher - oavsett om det är i **Apples** och **Metas eleganta hallar eller på Dorman Products** och **Hellas** fabriksgolv - är ett bevis på både vår otroliga potential och de djupa utmaningar som ligger framför oss.

Så, när du fördjupar dig i följande kapitel, kom ihåg att berättelsen fortfarande skrivs. Varje beslut, varje innovativt genombrott och varje ögonblick av mänsklig anslutning bidrar till en berättelse som är lika oförutsägbar som spännande. Eran av algoritmisk dominans kan ha kommit, men framstegets hjärta och själ kommer för alltid att tillhöra den okuvliga mänskliga anden.

Och på så sätt, med en blandning av trotsigt hopp och försiktig skepsis , går vi vidare in i en tid av obeveklig automatisering och hisnande förvandling - ett kapitel i sagan om arbete som är lika kaotisk som inspirerande, lika hänsynslös i sin effektivitet som den är öm i sina påminnelser om vår mänsklighet. Oavsett hur långt tekniken går framåt kan den aldrig helt ersätta den stökiga, härliga, oförutsägbara resan att vara människa. Utmaningen är alltså inte att bekämpa framstegen utan att lära sig rida på den – att hitta vår unika plats i ett landskap där styrelserummen styrs av data och den verkliga historien är skriven av våra kreativa själars obevekliga, vackra trots.

Detta är vår tids berättelse - en tid då varje utmaning är en möjlighet, varje förlust en lektion och varje ögonblick en påminnelse om att även om maskiner kan diktera siffror, kommer de aldrig att fånga den vilda, orubbliga gnistan av mänsklig kreativitet. Och det, min vän, är något som ingen algoritm någonsin kan replikera.

Kapitel 6: När ingen har ett jobb, vad fan gör vi?

Det börjar med det där magkänslan - du öppnar ögonen och utan förvarning är rutinen som definierade dina dagar borta. Din gamla 9-till-5 är inte bara en relik begravd i en dammig historia; den har raderats lika grundligt som en svart tavla som torkats ren efter lektionen. Du kanske vandrar ut och förväntar dig det välbekanta surret från ett favoritkafé bara för att hitta en kall, känslolös maskin bakom en glasdisk som delar ut lattes med precisionen av en miniräknare. Den tröstande mänskliga beröringen har ersatts av steril effektivitet, och plötsligt låter systemet som en gång utlovade stabilitet dig nu undra om slipningen någonsin verkligen spelat någon roll.

Förvandlingen är inte resultatet av en oseriös science fiction-intrig utan en långsam, obeveklig utveckling som drivs av tekniska framsteg. I den här berättelsen om störningar har **AI-agenter** gradvis blivit de nya företagsledare, som orkestrerar operationer med algoritmer som aldrig sover eller undrar sig själva. Samtidigt har flottor av robotar tagit över alla former av manuellt arbete , från att stapla lådor i stora lager till att montera de intrikata komponenterna i vardagliga prylar. Och medan många förespråkar dessa framsteg som nästa steg på gång, är priset ett oroande tomrum där mänskligt bidrag en gång blomstrade.

Visionen lades fram av tänkare som **Max Tegmark** i hans framstående verk *Life 3.0*. Han beskrev en era där gränserna för biologiskt liv ritas om av system som kan utvecklas oberoende av sina skapare. Vi är inte längre bara operatörer i en storslagen ekonomisk maskin; vi har blivit åskådare i ett spel som spelas av enheter som kan tänka över, övermanövrera och överträffa oss vid varje tur. Det här är inte bara fantasi - det är en extrapolering från de snabba framstegen vi har sett under de senaste decennierna. När teknologin når en nivå där den inte bara kan replikera utan överträffa våra förmågor, kastas själva begreppet mänskligt arbete i skarp relief.

Följderna av ett sådant seismiskt skifte är lika spännande som skrämmande. Å ena sidan finns det ett förföriskt löfte om befrielse: föreställ dig befrielsen från det själskrossande slit som länge har definierat din arbetsdag. Utan att behöva slippa på ett repetitivt jobb, kan du teoretiskt ägna dig åt kreativa ansträngningar , personliga passioner och fritid på sätt som en gång var omöjliga. Denna radikala idé har lett till diskussioner i styrelserum, akademiska salar och sociala medier. Det har gett upphov till förslag som den universella basinkomsten (UBI), försvarad av röster som **Andrew Yang** , som drivit konceptet in i mainstreamdebatten med sin djärva "Freedom Dividend". Hans vision var enkel men djupgående: om tekniken kan producera mer än tillräckligt med rikedom för att försörja alla, borde varje person få ett stipendium som garanterar grunderna - mat, tak över huvudet och ett mått av värdighet.

Alla delar dock inte denna entusiasm. Den kontroversielle **Elon Musk** varnade upprepade gånger för de djupa socioekonomiska sprickorna som kan uppstå när maskiner blir de primära producenterna av välstånd. Musks uttalanden, levererade i populära podcaster och vid inflytelserika tekniska sammankomster, målar upp en bild av massfördrivning så omfattande att samhället kan tvingas ompröva själva strukturen i den mänskliga existensen. Han har föreslagit att om robotar kör allt, kanske vi inte har något annat val än att garantera viktiga resurser som en rättighet, inte ett privilegium. Sådana uttalanden är lika mycket en mörk komisk kommentar som de är en varning - som påminner oss om att automatiseringens underverk kommer med lika monumentala utmaningar.

Sam Altman från **OpenAI** lägger till ytterligare ett lager till debatten och har insisterat på att fördelarna som genereras av artificiell intelligens är för monumentala för att ignorera. När Altman talade vid evenemang som arrangerades av prestigefyllda institutioner som **MIT** och **Stanford** , argumenterade Altman att den rikedom som skapas av AI-driven innovation borde omfördelas brett, för att säkerställa att varje person kan njuta av en grundläggande levnadsstandard. Hans vision är inte en resignation utan en ny fantasi - en inbjudan att ompröva ekonomiska strukturer som länge har tagits för givna.

Ändå är denna idé inte utan sina kritiker. Skeptiker hävdar att policyer som UBI, även om de är ädla i teorin, helt enkelt kan fungera som en tillfällig lösning på ett mycket mer komplext och systemiskt problem. De varnar för att att förlita sig på sådana åtgärder oavsiktligt kan påskynda avvecklingen av traditionella arbetsrättigheter och sociala skyddsnät, vilket gör många mer sårbara i det långa loppet.

Se dig omkring och tecknen på förvandling är omisskännliga. Inom så olika sektorer som snabbmat och detaljhandel ersätter automatiserade system snabbt mänskliga arbetare. Ta till exempel anläggningar som **McDonald's** eller kassalösa butiker som pionjärer av **Amazon Go** . Dessa förändringar har redan omdefinierat kundinteraktioner och ersatt servicepersonalens välbekanta leenden med digitala gränssnitts oberäkneliga effektivitet. Den oroande sanningen är att sådana exempel inte är isolerade experiment utan förebud om en trend som så småningom kan komma att beröra varje hörn av vår ekonomi.

Det är inte bara blåkrage-sfären som är under belägring. Den tjänstemannariket, som en gång troddes vara fristaden för kreativt och analytiskt mänskligt arbete, bevittnar ett aldrig tidigare skådat intrång av teknik. Tänk på journalistiken, där AI-system redan genererar grundläggande nyhetsartiklar och finansiella rapporter, som tar fram innehåll i en takt som vida överstiger mänsklig kapacitet. På den juridiska arenan sållar plattformar som **ROSS Intelligence** blixtsnabbt igenom stora databaser med rättspraxis, vilket reducerar komplexa forskningsuppgifter till bara sekunder. Inte ens programmeringsvärlden är immun mot dessa framsteg. Verktyg som **GitHub Copilot** hjälper nu utvecklare genom att föreslå kodavsnitt som dramatiskt kan påskynda utvecklingsprocessen, förvisa mänskliga programmerare till roller som tillsyn och beslutsfattande snarare än primärt skapande.

Bakom dessa förändringar finns innovationscentra som fortsätter att tänja på gränserna för vad teknik kan åstadkomma. Hallowed hallar som **MIT:s datavetenskap och artificiell intelligens Laboratory (CSAIL)** och **Stanfords AI Lab** driver ständigt fram banbrytande forskning som lovar att ytterligare urholka den traditionella rollen som mänskligt arbete . Vid konferenser som anordnas av institutioner som **London School of Economics (LSE)** har ledande experter varnat för att de nuvarande trenderna kan göra mänskliga ansträngningar nästan föråldrade på mycket kort tid. En studie, utförd av forskare vid **University of Oxford** 2019, antydde att nära 47 % av jobben i USA så småningom skulle kunna automatiseras – en statistik som resonerar med en djup blandning av vördnad och ångest.

Denna berättelse om teknologisk dominans tvingar fram en avräkning med våra långvariga föreställningar om identitet och syfte. I decennier var arbete mer än bara ett medel till ett ekonomiskt mål; det var en viktig del av hur vi definierade oss själva. Vi mätte vårt värde utifrån antalet timmar vi loggade, titlarna vi tjänade och den obevekliga jakten på en karriär som lovade stabilitet och erkännande. Tillkomsten av automatisering har kastat alla dessa mätvärden i oordning. Om maskiner kan göra jobbet bättre, snabbare och utan behov av pauser, vilken roll spelar vi då som människor?

I grunden är detta en berättelse om återuppfinnande –
en existentiell utmaning som tvingar oss att blicka inåt
och ställa svåra frågor om vår plats i ett system som är
under snabb utveckling. Det finns en märklig befrielse i
denna nyssning av gamla strukturer, men den är färgad
av en djupt rotad osäkerhet. Hur får vi mening när just
de aktiviteter som en gång definierade oss försvinner
över en natt? Hur konfigurerar vi om våra identiteter i en
verklighet där traditionellt arbete inte längre fungerar
som ryggraden i vår existens?

Jag dras till dessa frågor inte bara av akademisk
nyfikenhet, utan från en djupt personlig plats. Min egen
resa har varit en av ständigt experimenterande och
kreativt utforskande. Jag påbörjade en gång ett projekt
för att bygga ett gestigenkänningssystem för
videoteckenspråk - ett företag som föddes ur en önskan
att överbrygga kommunikationsklyftor och stärka en
gemenskap som ofta hamnar på åsido. Projektet var
ambitiöst: genom att utnyttja bibliotek med öppen
källkod och utnyttja ramverk för maskininlärning som
TensorFlow föreställde jag mig ett verktyg som kunde
översätta teckenspråk till text och tal med

anmärkningsvärd noggrannhet. Jag nådde ut till organisationer som ägnade sig åt att stödja dövsamhället, samla in insikter och feedback som drev min beslutsamhet. Men som ofta händer med innovativa idéer, ingrep livet. Utvecklaren som jag samarbetade med blev headhuntad av **Google** och vårt samarbetsprojekt avslutades, jag väntar fortfarande på en chans att det ska återupplivas. Den här erfarenheten, tillsammans med mina tidiga experiment med chattrobotar på plattformar som **Pandora** under slutet av 1990-talet och mina djärva, om än för tidiga, försök att starta ett AI-företag 2012, har cementerat en obestridlig sanning: mitt liv har varit ett oändligt experiment i skärningspunkten mellan kreativitet och teknik. Varje bakslag, varje oväntad vändning, har bidragit till ett personligt narrativ som speglar den bredare samhälleliga omvälvning vi nu står inför.

Det finns en rå, osminkad kvalitet i denna övergång - en avräkning med framstegens oförutsägbara natur. Det är varken en mjuk uppstigning till utopi eller en rak nedstigning till kaos. Istället är det en turbulent, rörig process, full av både löften och faror. Den tekniska revolutionen är inte en snyggt förpackad händelse; det är ett vidsträckt, mångfacetterat fenomen som stör alla aspekter av livet, från hur vi arbetar till hur vi interagerar, hur vi definierar framgång och till och med hur vi förhåller oss till varandra på mänsklig nivå.

Den djupgående effekten av denna förändring är uppenbar i de samtal som sker i alla samhällsskikt. På gatorna, på kaféerna, i de digitala forumen där idéer kolliderar brottas människor med konsekvenserna av en verklighet där maskiner överträffar mänskliga förmågor. Debatten handlar inte längre om huruvida teknologi kommer att förbättra våra liv, utan snarare hur vi kan samexistera med system som så småningom kan göra traditionella mänskliga ansträngningar nästan föråldrade. Kritiker hävdar att även om löftet om automatisering är lockande, riskerar det också att skapa en klyfta – en stor klyfta mellan de som kan utnyttja teknologin till sin fördel och de som är kvar. De pekar på historiska mönster av ojämlikhet och störningar, vilket tyder på att om vi inte är försiktiga kan framstegsmarschen fördjupa sociala sprickor till en punkt av irreparabel skada.

Ändå finns det också en motström av optimism, en övertygelse om att denna störning kan vara katalysatorn för en renässans av kreativitet och mänsklig koppling. Vissa visionärer hävdar att människor, befriade från slitet med repetitiva uppgifter, äntligen kan ägna sig åt sysselsättningar som är genuint berikande. De föreställer sig ett samhälle där kreativitet, empati och kritiskt tänkande är de värdefulla varorna - egenskaper som maskiner, trots sina imponerande kapaciteter, kanske aldrig helt replikerar. Detta är inte en otyglad fantasi, utan snarare en uppmaning att ompröva vad vi värdesätter högst i livet och att investera i de unika mänskliga egenskaper som teknologin inte kan ersätta.

När jag sitter med dessa tankar slås jag av ironin i det hela. De verktyg som är utformade för att befria oss från tråkigt arbete utmanar samtidigt de grunder som våra identiteter har byggts på. I denna nya era mäts framgång inte längre av antalet timmar som spenderas vid ett skrivbord eller klättring uppför en företagsstege, utan kanske av förmågan att anpassa sig, att lära och att odla passioner som trotsar mekanisering. Det är ett ögonblick av räkning – en konfrontation med en verklighet som tvingar oss att skriva om reglerna för engagemang i varje aspekt av våra liv.

Vägen framåt är okända, och även om osäkerheten är stor, finns det också en gnista av möjlighet. Historien är full av ögonblick av djupgående förvandling, och även om insatserna aldrig har varit högre, har den mänskliga anden en anmärkningsvärd förmåga att återuppfinna sig själv. I denna berättelse om djupgående förändring är utmaningen inte bara att överleva, utan att frodas genom att anamma nya sätt att skapa kreativitet, anslutning och självuttryck. När vi navigerar i den här terrängen måste vi vara vaksamma och se till att automatiseringens obevekliga marsch inte sker på bekostnad av våra värderingar, vår värdighet eller vår känsla av syfte.

Varje dag för oss närmare den verklighet som en gång verkade vara vild science fiction - en verklighet där produktionsmekanismerna inte längre är bundna till mänskliga händer, där beslut fattas av system utformade för att optimera resultat med kall precision, och där de traditionella markörerna för sysselsättning demonteras utan ceremoni. Det är ett scenario som kräver inte bara teknisk anpassning utan en fundamental förändring i hur vi uppfattar oss själva och vår plats i ett samhälle som utvecklas i rasande fart.

När jag reflekterar över min egen resa - från gnistan av innovativa projekt till frustrationerna av avstannade samarbeten - ser jag ett mikrokosmos av det bredare samhällsexperimentet som utspelar sig runt oss. Varje tekniskt genombrott bär med sig löftet om en bättre morgondag, men också potentialen för oförutsedda konsekvenser som utmanar själva strukturen i våra samhällen. Konversationerna som utlösts av **Max Tegmark** , **Andrew Yang** , **Elon Musk** och **Sam Altman** är inte bara intellektuella övningar; de är brådskande uppmaningar att ompröva ekonomiska strukturer, sociala kontrakt och essensen av mänsklig förverkligande i en tid som domineras av artificiell intelligens.

Mitt i denna malström står en sak klar: förvandlingen är oåterkallelig. Huruvida vi väljer att se det som ett förebud om befrielse eller ett tecken på djup dislokation beror till stor del på vår vilja att engagera oss direkt i utmaningarna. Dialogen pågår - formats av den obevekliga innovationstakten och det ständiga samspelet mellan tekniskt löfte och mänsklig motståndskraft.

Så här står vi, inför en verklighet där varje institution - från det livliga kaféet på ditt hörn till de höga skyskraporna på företagets huvudkontor - ombildas av krafter utanför vår traditionella kontroll. Revolutionen sänds inte på TV; den är kodad i mjukvarulinjerna, inbäddad i robotars kretsar och artikulerad i policyn som debatterats av sådana som **Andrew Yang** och **Sam Altman** . Statistiken är skarp: en studie från **University of Oxford** varnade 2019 för att nästan hälften av USA:s jobb skulle kunna försvinna, en siffra som fungerar som en skrämmande påminnelse om omfattningen och hastigheten på denna omvandling.

För de av oss som har ägnat våra liv åt att skapa identiteter kring arbetet är denna förändring djupt personlig. Det utmanar oss att ifrågasätta själva karaktären av framgång och att återupptäcka vad som verkligen betyder något när grinden ersätts av en ekonomi som inte längre är beroende av mänskliga ansträngningar för att driva produktiviteten. Det finns en viss frihet i denna osäkerhet, en rå potential att omdefiniera oss själva på sätt som hyllar kreativitet, empati och anslutning – egenskaper som ingen maskin kan replikera.

När jag navigerar i denna modiga nya terräng blir jag påmind om att innovation är ett pågående experiment, ett som kräver både kritisk reflektion och djärv handling. Resan är lika oförutsägbar som spännande, fylld av stunder av triumf, motgångar och den oundvikliga omkalibreringen av våra kollektiva förväntningar. Berättelsen som utspelar sig runt oss handlar inte bara om tekniska framsteg, utan om den mänskliga andens förmåga att anpassa sig, ombilda och i slutändan skapa mening mitt i förändringen.

Och så kvarstår frågan – inte som en utmaning för tekniken, utan som en inbjudan att omdefiniera våra roller i ett samhälle där arbetsparametrarna har ritats om. När varje uppgift utförs med maskinliknande precision och mänskliga bidrag hänvisas till övervakning och strategisk bedömning, tvingas vi konfrontera den obekväma sanningen: våra identiteter måste utvecklas. Berättelsen om automatisering handlar inte enbart om dystopi eller förtvivlan; det är också en uppmaning att återta de unika mänskliga egenskaper som definierar oss, att utnyttja vår kollektiva uppfinningsrikedom och att kartlägga en kurs som hedrar både framsteg och det oersättliga värdet av mänsklig kreativitet.

Till slut, när jag reflekterar över förvandlingen som utspelar sig runt oss, finner jag en blandning av bävan och hopp. De konventionella mätvärdena för arbete faller sönder, och med dem, de gamla framgångsmarkörerna. I deras ställe presenteras vi för ett tomt blad - en chans att skriva om reglerna, att bygga system som hyllar mänsklig potential i sin mest autentiska form. Det är en utmaning som är lika monumental som personlig, och den kräver en vilja att släppa taget om det förflutna för att kunna omfamna en verklighet som, även om den är oförutsägbar, är fylld av möjligheter.

Det här är inte en berättelse om resignation; det är en berättelse om återuppfinning. Det handlar om att förstå att teknikens utveckling inte signalerar slutet på mänskliga strävanden utan snarare en inbjudan att utforska okända territorier av kreativitet och syfte. Varje steg vi tar in i detta oprövade territorium är både en risk och en möjlighet - en chans att skapa nya betydelser och skapa identiteter som är motståndskraftiga, adaptiva och djupt mänskliga.

Automatiseringens revolution har anlänt med all subtilitet av en flodvåg, och även om dess inverkan är obestridlig, lämnar den oss med frågan som kommer att definiera vårt nästa kapitel: När varje maskin gör det den är bäst på, hur kan vi, som individer och som samhälle, skapa en väg som hyllar rikedomen i mänsklig erfarenhet? Svaret är kanske inte direkt klart, men det är en utmaning som kräver både introspektion och innovation – en utmaning som jag tillsammans med otaliga andra är redo att möta direkt.

I ekot av slamrande tangentbord och brummandet av automatiserade system pulserar den mänskliga anden fortfarande med möjlighet. Den kommande eran kan ta bort de strukturer vi en gång kände, men den lägger också grunden för en renässans av tanke, kreativitet och anslutning. Vår uppgift är att se till att när vi kliver in i detta modiga nya kapitel gör vi det inte som passiva åskådare utan som aktiva formare av vårt öde - ett öde där teknologin fungerar som ett verktyg för befrielse, inte som en mästare som dikterar vårt värde.

När jag fortsätter på min resa - en präglad av experiment, motgångar och ögonblick av oväntad briljans - bär jag med mig tron att även i en tid som domineras av obeveklig automatisering, finns det ett orubbligt utrymme för den stökiga, vackra och oförutsägbara naturen hos mänsklig existens. Det är en påminnelse om att även om framstegsmotorerna kan nynna med effektiviteten hos kisel och kod, kommer innovationens hjärta alltid att slå med den oförutsägbara rytmen av mänsklig kreativitet.

Bild: Peter fiskar (inte för sport utan för att äta och njuta).

Morgonljuset blödde genom gardinerna i en blygsam lägenhet i en stad som för länge sedan hade lärt sig att leva med automatiseringens brum. Jag satt vid mitt lätt fläckiga och flisiga köksbord, ammade en ljummen kaffe och funderade på en fråga som hade blivit omöjlig att ignorera: Om varje uppgift - från att koda en komplex algoritm till att dra åt en bult på ett löpande band - utförs av obevekliga, effektiva maskiner, vad återstår för oss att göra? Detta var inte en frånkopplad drömmares stökiga funderingar; det var en nykter reflektion över en era där mänskliga roller snabbt omdefinieras.

Jag mindes de dagar då den digitala revolutionen släppte lös en ström av innovation som vände upp och ner på traditionella jobb. Internetboomen i slutet av 1990-talet gjorde mer än att bara göra vissa färdigheter föråldrade - den skapade helt nya sektorer. Företag som **Amazon** och **eBay** uppstod nästan över en natt och förändrade handeln och skapade miljontals möjligheter i processen. Men idag har katalysatorn för förändring fått ett nytt ansikte, ett som är både respektingivande och skrämmande: intelligenta system och mekaniska arbetare. Denna förändring, långt ifrån en linjär utveckling, är en intrikat dans av förstörelse och skapande - en paradox som utmanar allt vi trodde att vi visste om arbete .

Europeiska kommissionen 2018 lanserade sina "Riktlinjer för pålitlig AI". Det draget var mer än bara byråkratisk finjustering - det var en tydlig uppmaning till industrier över hela kontinenten. Plötsligt befann sig tekniska startups i Berlin i att diskutera etiken kring maskinbeslut, medan styrelserum i Paris brottades med implikationerna av algoritmer som kunde överträffa även de mest erfarna mänskliga cheferna. Det var ett ögonblick av beräkning: löften om oändlig effektivitet var nu oskiljaktiga från riskerna att förlora själva vår förmåga att fatta nyanserade, empatiska beslut.

Detta var inte ett isolerat fenomen. Föreställ dig ett styrelsemöte med hög insats på ett kraftpaket som **BYD** eller **Toyota** . Istället för en karismatisk mänsklig VD som rör upp rummet med passion och en och annan vältajmad skämt, föreställ dig en elegant, praktiskt taget impassiv algoritm som reciterar kvartalsprognoser med precision som fick schweziska klockor att se lata ut. Jag kunde inte låta bli att tänka på **Nick Bostrom** och hans bistra varningar om de existentiella riskerna med okontrollerad artificiell intelligens. Hans varningar, som en gång avfärdades som akademisk paranoia, verkade nu vara en förutseende prognos för en tid då beslutsfattandet skulle berövas den röriga oförutsägbarheten som gör oss till människor.

Vid AI-toppmötet i Berlin 2022 stod en egensinnig entreprenör - delvis humorist , delvis visionär - på scenen och förklarade, med en blandning av glädje och hot, att om vi tillät AI att behärska ledarskapsroller, var vi inte bara bevittna av förskjutning av jobb; vi såg den gradvisa urholkningen av den mänskliga anden. Hans ord, drypande av ironi, fick genklang hos delegater från tekniska juggernauts som **SAP** och **Bosch** . De skrattade nervöst, ljudet ekade mot de sterila konferensväggarna, medan de också brottades med den gryende insikten: om en maskin kunde överträffa oss, var lämnade det vår värdighet?

Ändå, mitt i alla dessa oroande framsteg, fanns det en motpol - en berättelse som antyder att intelligenta system kanske inte bara är jobb som avslutar jobb, utan också skapar jobb. Tanken var att dessa teknologier, samtidigt som de förintar vissa roller, kunde tända helt nya industrier och möjligheter. Detta koncept med "kreativ förstörelse" var inte precis nytt. Historien hade redan visat oss hur seismiska tekniska förändringar, som internets framväxt, inte bara demonterade gamla paradigm utan också skapade nya vägar, ofta på oväntade platser. Utsikten var både upphetsande och alarmerande, för den krävde att vi omarbetade vår förståelse av arbete helt och hållet.

Jag kunde inte låta bli att minnas en scen från en livlig produktionsanläggning i norra Europa. **Ericsson** , den finska telekommunikationstitanen, hade nyligen testat ett AI-drivet ledningssystem som inte bara sänkte kostnaderna med imponerande 20 % utan också förutspådde nätverksfel med en nästan kuslig noggrannhet. Ingenjörer som en gång hade förlitat sig på år av praktisk erfarenhet fann att de blev överflödiga, deras expertis utmanades av kodrader som kunde förutse problem innan de ens visade sig. På samma sätt hade **Innoson Vehicle Manufacturing** - Afrikas banbrytande inhemska biltillverkare från **Nigeria** - halvvägs över hela världen anammat robotsammansättningslinjer med sådan iver att hela team av arbetare släpptes. Effektiviteten var obestridlig, men varje fördriven arbetare representerade inte bara ett förlorat jobb, utan ett fragment av en större social struktur som en gång hade vävts av mänskliga händer.

Den obevekliga framväxten av automatisering förde med sig konsekvenser långt värre än enbart ekonomisk förskjutning. Det var ett tyst angrepp på själva identiteten som många hade byggt upp kring sitt arbete. I århundraden, arbete hade tjänat som en degel för gemenskap, en källa till stolthet och personlig mening. Utan det började de invecklade sociala nätverken som band samhällen samman att fransas. En studie från European Institute for the Future of Work underströk detta fenomen - regioner som hade anammat automatisering mest brinnande brottades också med ökad andel psykiska problem, social isolering och missbruk. Det lokala bageriet, en gång ett livligt nav där grannar samlades och utbytte inte bara bakverk utan historier, ersattes alltmer av automatiserade kiosker som kärnade fram bröd utan en antydan till värme eller mänsklig beröring.

Jag tänkte på Pierre - en 52-årig löpande bandarbetare från Lyon - vars liv hade blivit omkullkastat när robotar ersatte hans team på den lokala fabriken. Hans personliga berättelse var inte en anomali utan en representativ ton i en global klagan, som sjöngs på arbetsplatser som snabbt tömdes på mänskliga själar. Fackföreningar över hela **Tyskland** rapporterade att nästan 15 % av deras medlemmar hade åsidosatts av automatiseringens obönhörliga marsch, en statistik som gav eko som en dödsstöt för det urgamla förhållandet mellan arbete och identitet.

Motsägelsen i denna nya epok låg i det förföriska löftet om effektivitet, ställt mot den tomhet den kunde inleda i våra liv. Vid första anblicken var utsikten att få varje uppgift hanterad av en ofelbar, outtröttlig maskin oemotståndligt tilltalande. Inget mer slöseri med tid på oändliga pendlingar, inga fler själskrossande kontorsrutiner, ingen mer övertid som gjorde dig dränerad och frånkopplad. Ändå var baksidan ett förvirrande tomrum - en tom duk där de en gång välbekanta konturerna av det dagliga arbetet hade försvunnit och lämnat bakom sig frågan om hur man fyller timmarna som tidigare ägnats åt arbete.

Denna gåta drog mig in i filosofiska funderingar som påminner om den absurditet som fångas i filmer som *Office Space*, där företagens monotoni förlöjligas med ofiltrerad humor . Nu var skämtet på oss: själva vår existens kan reduceras till en oändlig cykel av fritid utan syfte, en oavbruten tid så vidsträckt och odefinierad att den antingen kan vara en källa av kreativitet eller en grotta av förtvivlan. Jag mindes myten om kung Midas, vars beröring förvandlade allt till guld. Men i hans fall var rikedomens glitter ett grymt hån mot verklig uppfyllelse . I denna nya era kan effektivitet verkligen vara lika lockande som guld, men om det tar bort de levande strukturerna i mänskligt liv - vårt skratt, vår kreativitet, vår förmåga till empati - riskerar framsteg att bli en steril triumf av maskinlogik över mänsklig värme.

Debatten om huruvida intelligenta system skulle rycka bort jobb eller skapa nya möjligheter var inte begränsad till abstrakta ekonomiska modeller eller akademiska avhandlingar. Det rann ut på gator och kaféer i städer över kontinenter. I **Helsingfors** , **Lissabon** och därutöver började samhällen experimentera med idéer som helt och hållet omdefinierade begreppet sysselsättning. Ett sådant experiment var införandet av Universal Basic Income (UBI), ett politiskt initiativ som hade prövats i **Finland** redan 2017. I det pilotprogrammet fick en grupp arbetslösa medborgare ett fast månatligt stipendium, en blygsam summa avsedd att ge en ekonomisk stötdämpning samtidigt som de uppmuntrade kreativa sysselsättningar och minskade oron för att överleva. Resultaten var blandade - även om det inte var ett universalmedel för alla ekonomiska problem, belyste experimentet en möjlighet: att frikoppling av försörjning från traditionell sysselsättning kan erbjuda en väg till att återta mänsklig värdighet.

Anhängare av UBI hävdade passionerat att en garanterad inkomst kunde befria människor från slitet med jobb som alltmer överflödigas av maskiner. Befriade från rutinarbetets bojor kunde individer utforska passioner som länge hade undertryckts av de obevekliga kraven från en lönedriven tillvaro. Detta handlade inte om sysslolöshet, utan snarare om att återupptäcka de inneboende glädjeämnena i kreativitet, gemenskap och livslångt lärande. Idén fick djupa genklang hos många som tröttnat på att sätta likhetstecken mellan egenvärde och jobbtitlar och timlöner.

Samtidigt var akademiska institutioner och tankesmedjor upptagna med att ombilda de utbildningsparadigm som länge legat till grund för våra samhällen. **Stanford University** och **MIT** började erbjuda tvärvetenskapliga kurser som blandade teknisk skicklighet med etik, konst och humaniora. Dessa innovativa program syftade till att förbereda en generation för en ekonomi som inte längre mätte värde i antalet klockade timmar utan i djupet av mänsklig kreativitet och anpassningsförmåga. Det var en radikal förändring - en avvikelse från traditionella produktivitetsmått till en modell där själva lärandet var den ultimata valutan.

Jag deltog i en sådan konferens i Boston, MIT Future of Work Conference 2023, där röster från alla hörn av akademin, industrin och kulturen samlades för att diskutera dessa angelägna frågor. Diskussionerna var lika livliga som brådskande, med paneler som dissekerade ämnen från automatiserade produktionslinjer i **Stuttgart** till framväxande kreativa ekonomier i städer som **Barcelona** och **Milano** . En paneldeltagare , med ett skevt leende, påpekade att om maskiner skulle ta över den dagliga driften av våra jobb, kanske vi alla skulle kunna överväga en karriär som professionella kritiker av streamingprogram – ett skämt som, trots sin lättsinne, underströk en nykter verklighet.

Men ironin gick inte förlorad för någon närvarande. Här var vi, på gränsen till en era där den en gång heliga ritualen att pendla, klocka in och uthärda vardagen snart kan ersättas av oändliga timmar av ostrukturerad tid. Utmaningen var alltså att hitta mening och syfte i en tillvaro som inte längre definierades av yttre krav. Denna existentiella omorientering var inte bara en filosofisk lyx; det var ett praktiskt krav om vi skulle undvika fallgroparna av isolering, apati och en djupt rotad förlust av identitet.

Ju mer jag funderade över dessa frågor, desto mer insåg jag att konflikten mellan effektivitet och mänsklighet inte var ett binärt val utan ett komplext samspel av avvägningar. Å ena sidan lovade framstegen inom robotik och AI oöverträffade nivåer av precision, konsekvens och hastighet. Fabriker som de som drivs av **Bosch** hade visat att robotarbete kunde överträffa mänsklig produktion med stormsteg och leverera produkter med en kvalitetsnivå som människohänder, oavsett hur skickliga de var, kämpade för att matcha. Å andra sidan var just de egenskaperna som gjorde maskiner exceptionella - orubblig effektivitet, brist på känslor och outtröttliga upprepningar - också de egenskaper som hotade att beröva våra liv den rika gobelängen som vävts av mänsklig erfarenhet.

Det var en motsägelse som trotsade enkel lösning. Löftet om ett liv fritt från slitet med repetitiva uppgifter var lockande, men det väckte också oroande frågor om syfte och uppfyllelse . Kan avskaffandet av traditionell sysselsättning leda till en era av oöverträffad kreativitet och innovation, eller skulle det istället sänka samhället i ett tillstånd av existentiell tröghet? Svaret verkade inte ligga i själva tekniken utan i hur vi valde att svara på dess obevekliga framsteg.

Under dessa reflektioner fann jag mig själv dras tillbaka till berättelserna om individer som hade klarat automatiseringens storm med en blandning av motståndskraft och trotsig humor . Det fanns berättelsen om Pierre från Lyon, vars långa år på löpande band abrupt avslutades med ankomsten av automatiserade maskiner. Hans berättelse, även om den var djupt personlig, ekade en bredare trend - en serie personliga tragedier och triumfer som illustrerade de mänskliga kostnaderna för snabba tekniska förändringar. Över hela **Tyskland** berättade fackliga företrädare om hur hela samhällen omformades av de dubbla krafterna effektivitet och fördrivning, där tidigare arbetare nu tvingades söka nya roller i ett samhälle som verkade allt mer likgiltigt för deras expertis.

Men även mitt i omvälvningen glittrade gnistor av hopp på oväntade platser. I stadsdelar som en gång definierades av industriell makt, slog nya centra för kreativitet rot. Konstnärer, författare och musiker började återta gatorna och parkerna som mötesplatser för uttryck, och utmanade föreställningen att en persons värde enbart mättes utifrån deras ekonomiska produktion. Barer och samhällscentra surrade av konversationer om konst, filosofi och livets okända möjligheter bortom de konventionella nio-till-fem. Det var en slags renässans - en gräsrotsrörelse som anammade tanken att mänsklig uppfinningsrikedom, obegränsad av kraven på obeveklig produktivitet, kunde blomstra på sätt som trotsade traditionella mått.

Ett sådant exempel var omvandlingen av ett gammalt fabriksdistrikt i **Lissabon** , där övergivna lager hade omvandlats till livliga konstcentrum och innovationslabb. Tidigare industriarbetare, av vilka många hade förlorat sina jobb på grund av robotautomation, fann sig nu i att samarbeta med unga kreativa och teknikentusiaster i projekt som blandade konst med banbrytande teknologi. Deras arbete var rått och experimentellt, ett levande bevis på idén att när konventionella arbetsstrukturer faller sönder kan nya uttrycksformer och gemenskap uppstå i deras ställe.

Mitt i all denna omvandling blev utbildningens och det kontinuerliga lärandets roll på nytt brådskande. Paradigmet att lärande var ett privilegium för ungdomar höjdes av kurser och program utformade för livslångt engagemang. Institutioner som **MIT** och **Stanford University** utbildade inte bara framtida teknologer; de odlade anpassningsbara tänkare utrustade för att navigera i en ekonomi där reglerna skrevs om i farten. Tyngdpunkten skiftade från att bemästra en fast uppsättning färdigheter till att omfamna en attityd av evig nyfikenhet - ett tänkesätt som insåg att anpassningsförmåga och innovation var den nya erans sanna valuta.

Under hela denna tumultartade period dök en återkommande fråga upp: Hur skulle samhället förena kraften i maskineffektivitet med det obestridliga behovet av mänsklig anknytning och kreativitet? Svaret var varken enkelt eller omedelbart. Det krävde en omfattande omprövning av våra värderingar, våra sociala strukturer och själva definitionen av syfte. Det var en utmaning som sträckte sig långt bortom ekonomi eller teknik – det var en fråga om identitet, om hur vi förstod oss själva i förhållande till en miljö i snabb utveckling.

Jag fann tröst i insikten om att omvälvningen inte var ett förebud om oundviklig förtvivlan utan en inbjudan att ombilda väven i våra liv. Den obevekliga strävan efter effektivitet, även om den onekligen var transformerande, behövde inte leda oss till ett dystert landskap av alienation. Istället kan det fungera som en katalysator för att återuppväcka den kreativa anda som ligger slumrande under lager av rutin och konventioner. Traditionella jobbrollers död var inte slutet på mänsklig strävan ; det var en uppmaning att omdefiniera vad det innebar att bidra, att förnya och att tillhöra.

I ett minnesvärt samtal i en lokal bokhandel - där doften av gammalt papper blandades med surret av livliga debatter - funderade en pensionerad ingenjör på potentialen för en ny typ av renässans. "När maskiner gör det tunga arbetet", sa han med glimten i ögat, "kanske är det vår tur att utforska konsten att leva." Hans ord resonerade djupt hos mig och inkapslade både ironin och möjligheterna i vår tid. Det var ett perspektiv som utmanade den rådande berättelsen om undergång, och uppmanade oss istället att se förvandlingen som ett tomt blad där vi kunde skriva in nya, meningsfulla berättelser.

Arbetets utveckling var inte en berättelse om enkel ersättning utan om metamorfos - en resa som krävde att vi kastade bort föråldrade antaganden och omfamnade en radikal återuppfinning av syftet. Spöket av intelligenta system och outtröttliga robotar , trots all deras obevekliga effektivitet, var en spegel som hölls upp för våra egna begränsningar och ambitioner. Det tvingade oss att konfrontera en djup sanning: att värdet av mänskligt liv aldrig kunde mätas enbart genom produktivitetsmått eller precisionen hos en algoritm. Istället fanns vårt värde i vår förmåga att skapa, att ansluta och att förvandla motgångar till konst.

När jag satt där och reflekterade över vår tids dramatik, slogs jag av en paradox som var lika tydlig som oroande. Framstegsmarschen, driven av enheter som **Toyota**, **Bosch** och **SAP**, höll på att ta bort de välbekanta konturerna av traditionell sysselsättning trots att den öppnade vyer av oöverträffade möjligheter. Detta var inte en binär kamp mellan människa och maskin; det var ett komplext, mångfacetterat samspel av krafter - var och en tävlade om dominans i ett landskap där visheten var lika flyktig som en sommarstorm.

Det fanns också tillfällen då den obevekliga förändringstakten kändes som ett kosmiskt skämt – en berättelse så absurd att den trotsade logiska förklaringar. Föreställ dig ett scenario där styrelserum, en gång fyllda av mänskliga känslor och strategiska skämt, istället styrdes av algoritmiska direktörer vars enda bekymmer var att maximera produktionen. Idén, även om den var skrattretande dystopisk, underströk en djupare verklighet: att den obevekliga jakten på effektivitet, om den lämnas okontrollerad, kunde urholka

den rika, röriga kärnan av det som gjorde oss till
människor.

Mitt i denna omvälvning såg jag glimtar av hopp och
motståndskraft. Tidigare arbetare , fråntagna sina
traditionella roller, slog nya vägar inom så olika
områden som digital konst, kulinarisk innovation och
hållbart jordbruk. Skiftet var inte enhetligt eller allmänt
jämnt - det fanns felsteg, kamp och stunder av bitter
besvikelse - men det var obestridligt: mänsklig
kreativitet, i sin envisa vägran att bli omoderna, höll på
att iscensätta en comeback.

Tänk på den transformativa effekten av **Spotify** och dess
medgrundare, **Daniel Ek** . Det som började som en
blygsam idé om att förändra hur vi konsumerade musik
växte till ett seismiskt skifte i den kulturella ekonomin.
Daniel Ek hävdade, i sin karaktäristiskt trubbiga stil, att
musik inte bara var en handelsvara som skulle bytas ut,
utan en upplevelse att avnjuta - en föreställning som
gav genklang hos miljoner över olika bakgrunder. Hans
framgång var ett bevis på idén att även i en tid
definierad av automatisering fanns det kvar en plats för

den unikt mänskliga beröringen - förmågan att framkalla känslor, att inspirera och att skapa förbindelser som överträffade transaktionsutbyten.

Ändå, även när löftet om en återupplivad kreativ ekonomi lyste igenom, var de hårda realiteterna med förflyttning och osäkerhet aldrig långt borta från synen. Den obevekliga strävan att optimera och spara var en kraft som inte skonade någon - inte ens de mest berömda mänskliga ansträngningarna . Konferenser och toppmöten, som MIT Future of Work-konferensen som hölls 2023, surrade av debatter som var lika passionerade som de var pragmatiska. Både forskare, industriledare och kulturkritiker brottades med den angelägna frågan: Hur utnyttjar vi fördelarna med tekniska framsteg utan att offra den mänskliga existensens själ?

Denna dialog spillde över till otaliga samtal på kaféer, i gathörn och i bibliotekens tysta hörn. Berättelsen handlade inte längre om passiv acceptans utan om aktiv omformning. Varje fördriven arbetare, varje sluten fabrik, varje stilla suck av uppgivenhet blev ett samlingsrop för ett nytt samhällskontrakt – ett som skulle hedra det förflutnas bidrag samtidigt som man vågade föreställa sig en radikalt annorlunda morgondag.

Och så, när dagen gick och staden utanför pulserade av energin av ständig förändring, kunde jag inte låta bli att känna en bitterljuv blandning av bävan och möjligheter. Vi genomlevde ett avgörande ögonblick, en vändpunkt där intelligenta maskiners obevekliga marsch tvingade oss att ställa svåra frågor om arbetets natur , syfte och uppfyllelse . Det var en period som präglades av skarpa kontraster: å ena sidan den kalla effektiviteten hos algoritmer och robotarmar, och å andra sidan den livfulla, oförutsägbara gnistan av mänsklig uppfinningsrikedom.

Det här var inte en berättelse om teknisk determinism utan en berättelse om mänsklig motståndskraft - en berättelse som krävde att vi skulle skriva om reglerna för engagemang i vårt arbete och våra identiteter. Eran av allestädes närvarande automatisering, symboliserad av den snabba uppkomsten av **Ericsson** , **Innoson Vehicle Manufacturing** och andra sådana enheter, omformade vårt kollektiva öde. Och samtidigt som förlusten av traditionella roller var ett slag för det välbekanta, skapade det också ett vakuum – en möjlighet att omdefiniera vad det innebar att bidra meningsfullt till samhället.

I det ljuset fick löftet om Universal Basic Income en ny dimension. Det var inte bara en ekonomisk politik utan en livlina - ett sätt att återställa balansen i ett system som alltför länge hade mätt mänskligt värde enbart i monetära termer. Försöken i **Finland** och experimentsamhällena i **Helsingfors** och **Lissabon** var tidiga experiment i denna storslagna omdefiniering. De erbjöd en glimt av hur, genom att frikoppla överlevnad från konventionell sysselsättning, människor kan återta friheten att utforska konst, vetenskap och kultur på sina egna villkor.

När vi stod vid detta vägskäl blev en sak alldeles klar: den kommande eran skulle kräva att vi omfamnar osäkerhet med en känsla av trotsig kreativitet. Vi skulle behöva lära oss, anpassa oss och viktigast av allt, ombilda vår egen potential. Maskinernas obevekliga

effektivitet var given – en kraft som inte gick att hejda.
Men det var lika obestridligt att mänsklig
uppfinningsrikedom, med sin oförutsägbara känsla för
uppfinningar och kopplingar, skulle fortsätta att skapa
nya nischer i ett ständigt föränderligt landskap.

Berättelsen som utvecklades framför oss var både en
varnande berättelse och en inbjudan - en uppmaning att
ompröva våra antaganden om arbete, identitet och
själva essensen av framsteg. Det var en påminnelse om
att även om maskiner kunde ta över otaliga uppgifter
med kall, mekanisk precision, kunde de aldrig replikera
människolivets röriga, vackra komplexitet. De kunde inte
skratta åt ett dåligt skämt som delas över en bortglömd
kopp kaffe, och de kunde inte heller uppleva den råa
glädjen att skapa något som resonerar på ett djupt
personligt plan.

När skymningen föll och stadsljusen flimrade på och
kastade långa skuggor som dansade på regniga
trottoarer, kände jag en omrörning av beslutsamhet.
Detta ögonblick – fyllt av både faror och löften – var inte
en slutpunkt utan en början. Det var en inbjudan att kliva

in i ett nytt kapitel, där försvinnandet av välbekanta roller inte förebådade slutet på syftet, utan snarare uppkomsten av något helt nytt och potentiellt transformativt.

Utmaningen var alltså att utnyttja de intelligenta systemens häpnadsväckande kapacitet utan att ge upp själen som gör oss distinkt mänskliga. Att hitta en balans mellan automatiseringens obevekliga marsch och det tidlösa behovet av kreativitet, anknytning och mening. Det var en skrämmande uppgift, en som krävde inte bara teknisk innovation utan en radikal återuppfinning av våra sociala kontrakt, våra utbildningssystem och till och med våra personliga berättelser.

I slutändan handlar vår tid om evolution - en obeveklig, ibland smärtsam, men i slutändan hoppfull resa mot en ny förståelse av vad det innebär att vara vid liv i en tid av maskiner. De gamla vissheterna om arbete och identitet höll på att upplösas och lämnade i deras spår en vidsträckt yta av okända möjligheter. Och även om det inte fanns något enkelt svar, innehöll processen att brottas med dessa djupgående förändringar fröet till en renässans - en pånyttfödelse som drivs av den mänskliga kreativitetens fräckhet och den orubbliga önskan att omdefiniera vårt eget öde.

Så när jag tog av mitt kaffe och förberedde mig för att kliva ut i en stad som förvandlats av både tekniska underverk och mänsklig motståndskraft, bar jag med mig övertygelsen om att denna era - fylld av störningar och tvivel - också var en uppmaning till vapen. En uppmaning att ombilda, bygga om och återupptäcka den mänskliga existensens rika väv. För i varje algoritm och varje robotarm låg det inte bara ett bevis på effektivitet, utan en öppen inbjudan till oss att skriva ett nytt meningskapitel – en berättelse där, trots maskinernas obevekliga framväxt, den mänskliga anden inte bara skulle bestå utan frodas.

Och så fortsätter resan - en resa in i territorier okända av tidigare generationer, där varje fördriven arbetare, varje sluten fabrik och varje stilla ögonblick av introspektion är ett steg mot en omdefinierad morgondag. I denna modiga nya era, där intelligenta system och outtröttliga robotar formar industrins mekanik, är det upp till oss att ingjuta våra liv med den oförutsägbara, omöjliga magin av kreativitet och medkänsla. Detta är vår utmaning, vårt ansvar och i slutändan vår chans att återupptäcka vad det innebär att verkligen leva.

I ekot av automatiserade brum och digitala pulser utspelar sig historien om vår förvandling – en berättelse som handlar lika mycket om maskinerna som om det mänskliga hjärtat. Det är en berättelse om förlust och återfödelse, om förtvivlan blandat med hopp och om den bestående sanningen att även om teknologin kan omdefiniera våra uppgifter, kan den aldrig tillskansa sig förmågan till förundran, till skratt eller till äkta koppling. Och det är kanske den mest radikala formen av framsteg av alla.

Roadmap for Reskilling and Reinvention

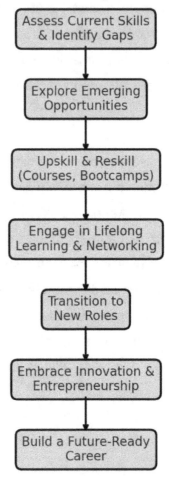

Morgonluften bar en antydan av uppror som om till och med naturen visste att något höll på att förändras. Du vaknar en dag och inser att världen omkring dig inte längre mäts av gamla måttstockar på ett hörnkontor eller en prydligt tryckt lönecheck . Istället har livets rytm mixats om av en obeveklig våg av innovation och störningar. Det dagliga arbetet handlar inte längre bara om att ta sig an ett jobb; det har blivit en uppmaning att återupptäcka den rena spänningen i att lära sig, att experimentera och att våga omdefiniera framgång på dina egna villkor.

Det började tyst - viskningar i den akademiska världens korridorer, sorl i styrelserumen hos nystartade **Silicon Valley** -företag och brinnande debatter i tankesmedjor utspridda över **New York** . Plötsligt blev tecknen omöjliga att ignorera. Ett skifte var på gång, ett som utmanade själva grunden för vad samhället länge hade trott var dess främsta källa till identitet: arbetet. Det här handlade inte om att producera en ny generation robotreparatörer. Istället var det en seismisk inbjudan att omfamna det okända, att skriva om reglerna och att gå i en livslång dialog med nyfikenhet.

Fröet till denna omvandling såddes av visionära institutioner och djärva experiment inom ekonomisk politik. År 2021, till exempel, rullade **EU-kommissionen** ut en rad initiativ utformade för att dämpa effekterna av automatisering. I **Tyskland** erbjöds regioner genomsyrade av industriell tradition omskolningsprogram som inte bara syftade till att överleva utan på att blomstra. Över hela **Spanien** utlöste innovativa anslag kreativa startups som utmanade konventionella affärsmodeller. Samtidigt, över Stilla havet, ombildade titaner som BYD i Kina **tillverkningen** med en precision och hastighet som inte lämnade något utrymme för självbelåtenhet. Även på den afrikanska kontinenten bevisade pionjärer som **Innoson Vehicle Manufacturing att innovation inte var begränsad till de vanliga misstänkta.**

I ett litet samhälle som en gång kunde ha setts som obetydligt, orkestrerade ödet en förvandling som var lika delar hjärtskärande och inspirerande. När en fabrik stängde sina dörrar som svar på en genomgripande automatisering, befann sig hundratals sönderfalla. Istället för att ge efter för förtvivlan samlades folket med en uthållighet som motsade deras omständigheter. De gjorde om ett nedlagt lager till ett livligt kulturcentrum - en plats där konst, musik, teknik och samtal blandades fritt. Denna återfödelse var inte bara en metafor; det var en påtaglig påminnelse om att när traditionella roller försvinner, kan den motståndskraftiga mänskliga anden skapa något helt nytt.

Över livliga metropoler och lugna byar på landsbygden började ledare och tänkare dyka upp. Namn som **Nick Bostrom** och **Yuval Noah Harari** blev snart synonyma med en radikal omtanke om vårt kollektiva öde. **Bostroms** banbrytande arbete med superintelligens fungerade som en skarp varning, en påminnelse om att kraften hos AI en dag skulle kunna överträffa vår förmåga att kontrollera den. **Hararis** berättelser, rika på historisk insikt, utmanade oss att konfrontera ironin i våra framsteg: att varje stort steg framåt bar inom sig frön till djupgående störningar. Vid högprofilerade sammankomster som **MIT-** symposier och **Stanford**-forum diskuterades inte bara dessa idéer – de dissekerades, debatterades och, ibland, hyllades. En talare skämtade till och med att om uppkomsten av AI gjorde traditionella jobb föråldrade, skulle åtminstone mänskligheten få ett rykte som världens mest hängivna filosofer eller, vågar vi säga, obevekliga kritiker av nästa säsong av streamingprogram.

Denna kollision av framsteg och fara har upphävt långvariga antaganden om framgång. I århundraden mättes värdet av jobbtitlar, kontoutdrag och förmågan att klättra på företagsstegar. Idag, när mekaniska armar sätter ihop fordon och digitala hjärnor analyserar terabyte av data, har dessa gamla mätvärden förlorat mycket av sin glans . Istället håller en renässans stilla på att växa fram, en som sätter kreativitet, gemenskap och genuin mänsklig kontakt i centrum. Det nya paradigmet antyder att uppfyllelse mycket väl kan hittas inte i precisionen hos algoritmer eller den kalla effektiviteten hos automatiserade processer, utan i den röriga, vackra handlingen att återuppfinna sig själv.

Mitt i denna obevekliga våg av förändring har humor blivit en osannolik livlina. Det finns en rå, befriande egenskap i förmågan att skratta åt sin egen föråldrade. Det absurda i att spendera decennier med att klättra på en stege som snart kan bytas ut mot en rulltrappa - designad enbart för maskiner - är ingen som förlorar någon. Denna humor är inte cynisk resignation; det är ett trotsigt leende inför osäkerhet. När själva begreppet arbete ifrågasätts är ibland det bästa svaret att rycka på axlarna, skratta och sedan resa sig för att göra något anmärkningsvärt.

Tänk på en stund i ett livligt kafé i kvarteret , där en före detta fabriksarbetare - nu en deltidskonstnär och heltidsfilosof - hyllade en liten skara med berättelser om livet före automatisering. Hans berättelse var inte fylld av bitter nostalgi utan med en skev acceptans av hur snabbt saker och ting kan förändras. "Vi brukade definiera oss själva utifrån de uppgifter vi utförde", funderade han och ögonen glittrade av bus. "Nu upptäcker vi att vårt värde inte ligger i det vi producerar, utan på de oändliga sätten vi kan återuppfinna oss själva." Hans ord, opolerade men ändå djupa, resonerade djupt hos dem som hade upplevt den brutala chocken av teknisk redundans.

Ändå är utmaningarna vi står inför inte rent existentiella eller filosofiska – de är lika påtagliga som robotarna som nu sliter bredvid oss. Det nuvarande landskapet präglas av en obeveklig push från industrier som är ivriga att optimera effektiviteten. I livliga centra som **Tokyo** och **Milano** har automatiserade system tagit över roller som en gång gav en känsla av syfte till otaliga arbetare. Här vävs gemenskapsväven om, tråd för tråd, när gamla vissheter ersätts av en modig ny blandning av kreativitet och rå anpassningsförmåga. På dessa urbana arenor ger de traditionella framgångsmarkörerna plats för en hyllning av innovation som är lika oförutsägbar som inspirerande.

Mitt i all denna turbulens är en sak klar: de system vi litade på för att mäta vårt självvärde håller på att sönderfalla under tyngden av obevekliga framsteg. Ironin är påtaglig – århundraden av mänsklig uppfinningsrikedom och ansträngning riskerar nu att förpassas till fotnoter i en berättelse skriven av kisel och kod. Men i stället för att ge efter för förtvivlan, väljer vissa att se denna omvälvning som en inbjudan. Det är en inbjudan att ifrågasätta gamla paradigm och att anamma en mer expansiv definition av vad det innebär att leva ett tillfredsställande liv.

I städer och tätorter, i styrelserum och kaféer har samtalen förändrats dramatiskt. Inte längre är människor enbart fokuserade på att klättra i fördefinierade hierarkier. Istället engagerar de sig i debatter om vilken typ av samhälle de vill skapa - ett samhälle som värderar uppfinningsrikedom framför tröghet, empati framför effektivitet. Även när robotarbete fortsätter att göra anspråk på uppgifter som en gång definierade mänsklig strävan , samlar en motström av kreativitet kraft. Samhällen investerar i program för livslångt lärande, workshops och kulturella knutpunkter som gör det möjligt för individer att utforska passioner som en gång undertrycktes av en nio-till-fem-tillvaro.

Kärnan i denna rörelse är föreställningen att våra identiteter inte behöver vara bundna till en enda roll eller yrke. Istället kan våra identiteter vara flytande, utvecklande och rika med olika erfarenheter. I stadsdelar fulla av ombyggda lager som nu surrar av konstinstallationer och tekniska inkubatorer, lär sig människor att njuta av varje ögonblick av nyuppfinnande. De anammar tanken att personlig tillväxt är en kontinuerlig process - en resa fylld av vändningar, svängar och oväntade omvägar.

I denna tid av radikal omdefiniering är det omöjligt att inte lägga märke till den surrealistiska blandningen av hopp och ironi som färgar vårt kollektiva humör. Ekonomiexperter vid evenemang som anordnas av institutioner som **MIT** och **Stanford** har målat upp en bild som är lika dyster som spännande. Under en särskilt minnesvärd paneldiskussion sa en känd ekonom det i skarpa ordalag: "Vårt arbete förändras i grunden, och om vi förblir passiva kommer den resulterande förändringen att lämna många av oss på drift." Uttalandet levererades med en allvar som var omöjlig att ignorera. Ändå, några ögonblick senare, lättade stämningen med ett skämt eller ett skratt - ett erkännande av att ibland är det enda förnuftiga svaret på en sådan absurditet att skratta.

Denna dubbelhet - spänningen mellan skräck och trotsig humor - har blivit vår tids signum. Det är en spänning som kanske bäst exemplifieras av det ironiska firandet som har vuxit upp kring automatisering. Festivaler dedikerade till konst, musik och kreativitet har blommat ut i oväntade håll, och erbjuder inte bara en paus från ångest utan en kraftfull deklaration: även när maskiner tar över rutinuppgifter förblir den mänskliga andan oåterkallelig. På en sådan festival i en livlig stadskärna sammanfattade en lokal poet det perfekt: "Vi kanske håller på att tappa våra gamla sätt, men vi får en oändlig duk att måla våra nya berättelser."

För dem som fortfarande håller fast vid de gamla definitionerna av framgång är denna kulturella omvälvning ett oförskämt uppvaknande. Ens värde bestäms inte längre enbart av effektiviteten i ens arbete eller prestige hos en företagstitel. Istället skiftar berättelsen mot att hylla de egenskaper som ingen maskin kan replikera - fantasi, känslomässig insikt och den mänskliga själens envishet. Denna framväxande berättelse utmanar oss att ompröva varje aspekt av våra liv, från utbildning och anställning till personlig tillfredsställelse och social anknytning.

Även när beslutsfattare kämpar för att hålla jämna steg med framstegens obevekliga marsch, börjar många förstå att svaret inte ligger i att motstå förändring utan i att utnyttja den. Regeringar i **Europa** har lanserat omfattande initiativ för att omskola arbetare, vilket hjälper dem att övergå från föråldrade roller till framväxande sektorer som värdesätter kreativitet och teknisk skicklighet. I **Amerika** experimenterar städer med universella basinkomstprövningar och utbildningsreformer som betonar adaptivt, färdighetsbaserat lärande framför utantill. Och långt ifrån att vara begränsade till de traditionella maktcentra , blomstrar idéer på de mest oväntade platserna – från förortsbibliotek till samhällscentra i ekonomiskt kämpande stadsdelar .

Denna enorma, kaotiska omordning av samhället är lika mycket en kulturell renässans som en ekonomisk omvandling. Strategierna som används av beslutsfattare är djärva och experimentella, utformade i degeln av brådska och nödvändighet. Det ironiska är att även om den digitala revolutionen hotar att ta bort långvariga identiteter, erbjuder den samtidigt en nystart - ett blankt blad på vilket nya berättelser om framgång kan skrivas. Istället för att övergå till föråldrad har vi nu möjligheten att skapa liv rika med mening, kreativitet och oväntad glädje.

I grunden handlar denna pågående transformation om att ompröva själva idén om värde. I generationer var värde synonymt med mätbar produktion - en snygg beräkning av arbetade timmar, gjorda produkter eller intjänade vinster. Nu, inför sofistikerade algoritmer och automatiserad effektivitet, omarbetas värde i mycket mer subjektiva termer. Debatterna i akademiska salar och policyforum har skiftat från frågor om effektivitet till frågor om syfte. Denna omdefiniering har djupgående konsekvenser, inte bara för individuella liv, utan för samhällets struktur som helhet.

Föreställ dig en framtid där kafésamtal inte kretsar kring kvartalsvinster eller marknadstrender, utan kring konstutställningar, lokala samhällsprojekt och experiment i digitalt berättande. Föreställ dig ett samhälle där helgerna tillbringas med att delta i workshops om allt från keramik till programmering, där varje konversation är en chans att lära sig något nytt och där måttet på framgång är lika flytande och mångsidigt som människorna själva. Det samhället börjar ta form, ett litet bestämt steg i taget.

Ändå, även när optimism kämpar med osäkerhet, förblir utmaningarna skrämmande. Spridningen av automatisering är inte ett prydligt inneslutet fenomen - det är en mångfacetterad våg som berör varje aspekt av livet. Inom industrier från tillverkning till service har maskinernas obevekliga effektivitet tvingat fram en räkning med långvariga antaganden om arbete och produktivitet. Just de verktyg som en gång fungerade som symboler för mänsklig uppfinningsrikedom kastar nu långa skuggor över försörjningen som definierade hela samhällen. Och även om svaret på denna beräkning har varit varierande - allt från pragmatiska omskolningsinitiativ till konstnärliga uttryck för trots - är det tydligt att förvandlingen är djupgående och oåterkallelig.

Mitt i denna omvälvning står humorn som en potent motvikt till förtvivlan. Det finns en läcker ironi i föreställningen att, när automatisering omkonfigurerar våra dagliga rutiner, kan det ultimata svaret vara att helt enkelt skratta. Skratt är trots allt en påminnelse om att även mitt i djupgående förändringar förblir vissa delar av den mänskliga upplevelsen orörda av teknologin. Det är ett språk som överskrider data och kretsar - ett bevis på vår förmåga att hitta mening och samband, även när det välbekanta har tagits bort.

Vid det här laget borde det stå klart att vår nuvarande situation inte bara är en ekonomisk eller teknisk utmaning. Det är en djupgående möjlighet - en uppmaning att omdefiniera vad det innebär att vara människa i en tid då de konventionella framgångsmarkörerna har tappat greppet. Den uråldriga besattheten av titlar, banktillgodohavanden och hierarkisk status ger gradvis vika för en bredare, rikare berättelse - en som hyllar vår förmåga att anpassa sig, att lära och att finna glädje i processen att återuppfinna.

Så här står vi, vid ett vägskäl som kännetecknas av det obevekliga brummandet av automatiserade processer och det livliga pladdret från kreativa sinnen. De system som en gång utlovade stabilitet verkar nu ålderdomliga inför snabba, obevekliga framsteg. Och ändå, inom denna turbulens ligger ett tyst löfte: löftet om att det, trots utmaningarna, finns kvar en outsläcklig gnista av möjlighet inom var och en av oss. Det är en påminnelse om att det verkliga måttet på vårt värde inte dikteras av maskiner eller siffror, utan av vår obevekliga strävan efter nyfikenhet och vår vilja att förvandla motgångar till konst.

I denna utspelade berättelse bär varje bakslag med sig en dold inbjudan - att lära sig, att anpassa sig och i slutändan, att återuppfinna. Det är en berättelse som trotsar de inaktuella definitionerna av framgång och inbjuder oss att skapa en berättelse som är unikt vår egen. Eftersom tekniska jättar som **BYD** , policyinnovatörer i **Europa** och kreativa entreprenörer i och utanför **USA** tänjer på gränserna för vad som är möjligt, står vi kvar med ett val. Vi kan hålla fast vid föråldrade paradigm, eller så kan vi ta detta ögonblick för att omforma våra liv på ett sätt som hedrar den komplexitet, motståndskraft och respektlöshet som definierar oss som människor.

Detta är inte en berättelse om oundviklig nedgång, utan snarare en om transformation - en metamorfos som, även om den är oroande, är fylld med potential. Den inbjuder oss att bryta oss loss från gränserna för snävt definierade roller och att utforska de stora, okända territorierna av kreativitet och självupptäckt. Oavsett om det är genom de livliga samhällscentra som fötts ur krisen eller den banbrytande politiken som ombildar utbildning och sysselsättning, finns det en påtaglig känsla av brådska och möjlighet i varje hörn av vårt föränderliga samhälle.

Och så, när vi navigerar i dessa okända vatten, finns det en viss skönhet i att omfamna det absurda i det hela. Själva föreställningen att vi en dag kanske kommer att bli ihågkommen inte för de jobb vi hade utan för de kreativa avtryck vi lämnade efter oss är både skrämmande och befriande. Ironin är rik: automatiseringens obevekliga marsch kan mycket väl göra många traditionella roller föråldrade, men den öppnar samtidigt upp ett panorama av outforskade möjligheter - en chans att upptäcka passioner, bygga samhällen och fira människolivets rena oförutsägbarhet.

I slutändan är det som återstår ett val. Ett val att se denna obevekliga ökning av teknik inte som ett existentiellt hot, utan som en katalysator för transformation. Det är en uppmaning att omdefiniera våra prioriteringar, att investera i vår kreativitet och att vårda de immateriella egenskaper som ingen maskin kan replikera. I denna pågående förvandling är varje skratt, varje konversation, varje utbrott av kreativ inspiration en liten akt av trots mot en ström som försöker reducera oss till bara kuggar i en effektiv, känslolös mekanism.

I slutändan är resan framåt lika skrämmande som den är spännande. Vi konfronteras med djupgående frågor om syfte, värde och identitet. Och även om svaren inte är snyggt förpackade i en enda ritning, ligger de i den röriga, oförutsägbara processen att återuppfinna oss själva gång på gång. För dem som är villiga att utmana de gamla berättelserna är möjligheterna lika gränslösa som den kreativitet som pulserar genom våra ådror.

Så när du läser dessa ord, låt dem tjäna som både en spegel och en gnista - en återspegling av de utmaningar vi står inför och en inbjudan att skapa ett svar som är lika vågat som det är äkta. Låt oss inte definieras enbart av de roller vi en gång hade, utan av viljan att utforska, anpassa och i slutändan frodas mitt i ett landskap som är lika oförutsägbart som djupgående. Med varje ny färdighet som lärs oss, varje kreativt arbete som görs, skriver vi om vårt livs manus, ett djärvt kapitel i taget.

I slutändan kommer vad vi väljer att göra med denna era av omvandling inte att dikteras av den kalla logiken i automatiserade system utan av värmen från mänsklig passion, kreativitet och motståndskraft. Maskinerna kan beräkna, montera och optimera med hänsynslös precision, men de kan inte fånga den röriga, glada och ofta absurda resan att upptäcka vilka vi verkligen är. Och kanske är det den viktigaste lärdomen av allt: att även när allt välbekant är avskalat, finns det kvar en okuvlig kraft inom oss - en kraft som skrattar inför osäkerhet, som finner skönhet i kaos och som vägrar att låta teknikens obevekliga framfart minska det rena, orubbliga värdet av att vara människa.

Detta är vår inbjudan - en uppmaning att förvandla störningar till möjligheter, att omvandla ångest till konst och att skapa en berättelse som hyllar inte bara överlevnad, utan den ohämmade, trotsiga glädjen i att leva ett ombildat liv. Mitt i larmet av automatiserade processer och det tysta brummandet av AI-algoritmer står vi redo att skapa något helt originellt: ett samhälle där vårt värde inte mäts av maskiners produktion utan av den mänskliga andens gränslösa potential.

Och så, med ett snett leende och en bestämd glimt i ögonen, marscherar vi framåt. Vi omfamnar vår tids absurditet med en cocktail av skepsis och hopp, i vetskapen om att varje bakslag är en upplägg för en comeback - en som kommer att skrivas i bläcket av kreativitet, mod och den orubbliga tron att vi är mer än summan av våra uppgifter. Varje ny början är ett uppror mot status quo, ett djärvt uttalande om att oavsett hur mycket världen förändras så förblir vår förmåga att återuppfinna oss själva vårt mest kraftfulla verktyg.

På denna resa kommer det att finnas stunder av förtvivlan, anfall av existentiella ifrågasättande och dagar då vägen framåt verkar höljd i osäkerhet. Men det är just under dessa ögonblick som den mänskliga förmågan till återuppfinning lyser starkast. För varje utmaning uppstår ett nytt kapitel - ett där varje individ ges chansen att inte bara bli en åskådare i en teknisk revolution, utan en aktiv, kreativ deltagare i att forma vad som kommer härnäst.

Så här är till dem som väljer att skratta åt det absurda i det hela, till dem som omvandlar utmaningar till konst, och till varje person som vågar omdefiniera framgång på sina egna villkor. Vår berättelse skrivs med varje handling av motståndskraft och varje utbrott av uppfinningsrikedom. Och när sidorna fortsätter att fyllas med berättelser om återuppfinnande, förblir en sak säker: trots automatiseringens obevekliga marsch och maskinernas kalla logik, består den mänskliga anden - levande, oförutsägbar och onekligen djärv.

I slutändan, när dammet lägger sig över en era av omvälvningar och förvandling, **antar jag att vi kommer att blicka tillbaka och se att detta inte var en tid av obegränsad förlust, utan ett ögonblick av radikal återfödelse** – en chans att kasta åt sidan föråldrade värdemått och omfamna en tapet av kreativitet, anslutning och genuina, ofiltrerade mänskliga uttryck. Och det är framför allt en seger värd att fira.

Kapitel 7: AI och kreativitetens framtid – Kan människor förbli relevanta?

Jag hade aldrig föreställt mig att kreativitet, den där röriga cocktailen av passion, kaos och briljans, en dag skulle hamna under belägring av algoritmer och silikondrömmar. Ändå är vi här, i skärningspunkten mellan mänsklig uppfinningsrikedom och digitala underverk som fungerar med en obeveklig precision. Det är svårt att inte känna sig både nyfiken och nervös när du inser att varje penseldrag, varje noggrant utvalt ord, varje udda narrativ twist snart kan dela utrymme med de beräknade resultaten från maskiner som är konstruerade för att efterlikna och, i vissa fall, till och med överträffa vår konstnärliga utstrålning.

Låt oss ta en stund att spola tillbaka klockan till en era då mänskligt geni var kreativitetens obestridda kung. Kommer du ihåg när **Deep Blue** - IBM:s schackspelande gigant - en gång utmanövrerade Garry Kasparov i en match som skickade chockvågor över varje korridor av teknisk ambition? Den schackuppgörelsen handlade inte bara om drag på ett bräde; det var en väckarklocka, en skarp påminnelse om att våra finslipade instinkter kunde utmanas av en känslolös algoritm som kan beräkna en miljon möjligheter per sekund. Den avgörande händelsen satte igång en kedjereaktion som tvingade oss att ompröva allt vi trodde att vi visste om den unika gnistan av mänsklig innovation.

Under åren började innovation sippra in i varje hörn av konstnärliga uttryck. Universiteten, dessa heliga experimenthallar som **Stanford** , **MIT** och **Oxford** , förvandlades till deglar där konst och teknik kolliderade. I stökiga labb fyllda av surrande från servrar och skrammel från tangentbord uppstod tidiga digitala experiment. Dessa skapelser var grova runt kanterna, en charmig blandning av fel och fel, men de antydde en möjlighet som vi knappt hade vågat överväga: kunde kreativitetens själ kodas?

Spola framåt till idag, och landskapet har förvandlats till något lika spännande som det är förvirrande. Föreställ dig att promenera genom ett livligt kreativt distrikt, kanske någonstans som **Berlin** eller **Tokyo** , där oberoende konstnärer och digitala trollkarlar öppet diskuterar om deras penslar och tangentbord någonsin kommer att konkurrera med den rena processorkraften hos artificiell intelligens. Det handlar inte bara om att skapa konst längre; det handlar om att omdefiniera vad konst ens är. Det som en gång var den exklusiva domänen för mänskliga ofullkomligheter utmanas nu av AI-agenter som kan lära sig, anpassa och producera innehåll med en hastighet och precision som gör att många av oss ifrågasätter vår egen relevans.

I hjärtat av denna transformation finns flera banbrytande AI-agenter som har sprungit in på scenen med en blandning av fräckhet och teknisk skicklighet. Tänk på **Manus AI , en skapelse född från den kinesiska startupen Monicas** ambitiösa labb . Den här agenten är inte bara ytterligare ett verktyg i den digitala verktygslådan - det är en dynamo för allmänt ändamål utformad för att ta itu med uppgifter som sträcker sig från screening av CV till noggrant planering av reseplaner. Genom att utnyttja kraften hos stora språkmodeller anpassar **Manus AI** sig i farten och finjusterar sina åtgärder baserat på direkt feedback från användare. Det är en djärv demonstration av vad som händer när du tar rå beräkningskraft och förenar den med de nyanserade behoven av vardagliga uppgifter.

Sedan finns det **DeepSeek** , en annan pärla från innovationshubbarna i Kina. Denna agent har lyckats skapa en nisch för sig själv genom att gå head-to-head med några av de mest etablerade namnen i branschen. Till skillnad från några av sina föregångare som kom med astronomiska prislappar och stela strukturer, trivs **DeepSeek** med effektivitet och kostnadseffektivitet. Den utför komplexa uppgifter med en elegans som motsäger dess digitala natur, vilket gör den till en favorit bland både nystartade företag och etablerade företag som vill skära igenom bruset från traditionella metoder.

För att inte bli överträffad har **OpenAI** varit upptagen med att släppa lös en svit av AI-agenter som tar idén om autonomi till nya höjder. Med erbjudanden som Responses API och Agents SDK ger **OpenAI** utvecklare möjlighet att bygga system som inte bara är reaktiva utan verkligen proaktiva. Föreställ dig agenter som kan utföra webbsökningar på egen hand, skanna igenom enorma dokument på några sekunder och till och med generera insikter som skulle ta ett team av experter timmar att sammanställa. Drivkraften bakom dessa innovationer är enkel men djupgående: att skapa system som ökar den mänskliga potentialen snarare än att bara efterlikna den.

Samtidigt har **Google** tagit ett annat tillvägagångssätt med sitt initiativ, **Project Astra** . **Project Astra** är långt ifrån bara ytterligare en virtuell assistent, utan integreras djupt med de stora reservoarerna av data som **Google** styr. Den här agenten nöjer sig inte med att bara svara på frågor eller ställa in påminnelser – den är konstruerad för att förstå sammanhang, för att hantera en mängd uppgifter med en sömlös effektivitet som får användarna att undra hur de någonsin klarat sig utan det. Oavsett om du behöver koordinera komplexa scheman eller helt enkelt hitta en smart lösning på ett plötsligt problem, är **Project Astra** byggd för att leverera en nivå av personlig assistans som är inget annat än häpnadsväckande.

På företagsfronten har **Amazon** introducerat **Bedrock Agents** , en uppsättning verktyg som är utformade för att revolutionera affärsflöden. Dessa agenter utnyttjar de omfattande funktionerna i **Amazons** molninfrastruktur och automatiserar allt från dataanalys till rutinmässiga administrativa uppgifter. Deras sanna styrka ligger i deras förmåga att integrera med en myriad av företagssystem, vilket skapar ett sammanhållet ekosystem där information flödar utan ansträngning och beslut drivs av realtidsinsikter. För företag som brottas med trycket från snabb digital transformation erbjuder **Bedrock Agents** en skalbar lösning som inte bara ökar produktiviteten utan också omdefinierar operativ effektivitet.

Alla dessa innovationer är inte isolerade underverk; de är sammankopplade trådar i den digitala arbetskraftens framväxande gobeläng . Varje nytt genombrott väcker övertygande frågor om vad det innebär att vara kreativ, vad det innebär att arbeta och huruvida människor kan behålla sitt försprång när algoritmer ständigt inkräktar på territorier som en gång var reserverade för våra unikt oförutsägbara tankeprocesser.

Ta till exempel en scen som kan utspelas på ett trendigt loft i centrala **New York** . En en gång så traditionell författare, som nu står inför en anstormning av algoritmiska konkurrenter, sitter böjd över en bärbar dator. Denna författare har alltid trott att varje prosa var en förlängning av deras kaotiska inre liv. Men i denna nya era utmanas även den övertygelsen. När författaren experimenterar med **OpenAl:s Al-agenter** för att brainstorma idéer, blir de både fascinerade och frustrerade. Maskinen tar fram förslag som är grammatiskt orörda och konceptuellt sammanhängande, men den saknar den råa, opolerade spontaniteten som ofta leder till genombrottsögonblick. Författaren inser att även om dessa agenter kan simulera kreativitet, gör de det med en klinisk precision som kan vara perfekt för vardagliga uppgifter, men som inte klarar av att fånga serendipiteten av mänskliga misstag och magin med oavsiktligt geni.

Över hela stan, i ett livligt samarbetsutrymme fyllt av frilansare och startupgrundare, surrar samtal om hur man kan utnyttja dessa digitala underverk för att tänja på kreativa gränser. En företagsam entreprenör berättar hur **Manus AI** förändrade sin rekryteringsprocess, filtrerade igenom tusentals meritförteckningar med ett kräsna öga och frigjorde värdefull tid för mer strategiska beslut. En annan entreprenör hyllar **DeepSeek** och noterar att dess förmåga att hantera komplicerade uppgifter på en knapp budget har gjort det möjligt för även de minsta teamen att slå över sin vikt. Atmosfären är elektrisk, laddad med en blandning av hopp och skepticism - hoppas att dessa verktyg kommer att låsa upp oöverträffad effektivitet, och skepsis om huruvida kreativitetens själ någonsin kan destilleras till rader med kod.

Det som gör denna tekniska ökning så fängslande är inte bara skådespelet av innovation utan den djupgående förändring den signalerar för själva kreativiteten. Där en gång borsten och mejseln var de enda domarna för konstnärligt uttryck, har nu tangentbord och processorer anslutit sig till striden. Ändå, för varje fall av algoritmisk briljans, finns det en lika övertygande berättelse om mänsklig motståndskraft. I underjordiska konstgallerier, där tjusningen av råa, ofiltrerade känslor råder, insisterar traditionalister på det oersättliga värdet av ofullkomlighet. De hävdar att medan maskiner kan replikera stilar och mönster, kan de inte fånga kaoset och oförutsägbarheten som definierar mänskligt uttryck. Det är denna spänning - den obevekliga strävan efter effektivitet ställd mot den vackra stökigheten i den mänskliga anden - som utgör det bankande hjärtat i vår nuvarande kreativa kris.

I akademins surrande korridorer arbetar forskare vid institutioner som **Carnegie Mellon University hårt och försöker ingjuta algoritmer med den svårfångade egenskapen av spontanitet.** Deras experiment, även om de är banbrytande, avslöjar ofta en paradox: ju mer förfinad produktionen är, desto mer tycks något väsentligt tas bort. Det är som om strävan efter perfektion berövar den kreativa processen dess grova kanter, dessa oväntade olyckor som ofta leder till djupa insikter. Och ändå, för många, representerar dessa digitala experiment en nödvändig utveckling - en omkalibrering av våra förväntningar när teknologin omdefinierar konstens parametrar.

Men hur är det med företag, dessa handelsmotorer som länge har förlitat sig på mänsklig kreativitet för att skapa berättelser, bygga varumärken och få kontakt med publiken? Dagens företag antar inte bara dessa banbrytande agenter - de ombildar själva strukturen i sina kreativa processer. En marknadschef på ett multinationellt företag kan använda **Project Astra** för att generera datadrivna insikter som formar en kampanj, medan en annan kan stödja sig på **Bedrock Agents** för att automatisera rutinuppgifter, vilket ger mer utrymme för den mänskliga kontakten som får en kampanj att ge resonans. Blandningen av människa och maskin handlar inte om ersättning; det handlar om förstärkning. En individs råa, otyglade kreativitet kan nu förbättras med precisionen hos digitala verktyg, vilket skapar resultat som är både innovativa och effektiva.

Men mitt i alla dessa framsteg kvarstår en tjatande fråga: kommer dessa utvecklingar att förebåda en era av oöverträffad produktivitet och kreativ explosion, eller kommer de att erodera själva strukturen i det som gör våra konstnärliga uttryck så djupt mänskliga? När maskiner blir allt skickligare på att simulera nyanser och känslor, finns det en obestridlig risk att den subtila, oförutsägbara kvaliteten hos äkta inspiration kan överröstas av steril effektivitet. Svaret är långt ifrån enkelt. Det kräver en omkalibrering av vår förståelse av kreativitet – ett erkännande av att medan maskiner kan bearbeta data och generera konst baserad på mönster, lever, känner eller lider de inte av den mänskliga existensens tumult. De upplever inte hjärtesorg, glädje eller de oförklarliga utbrott av genialitet som ofta slår till i stunder av djup sårbarhet.

Det finns en nästan filmisk kvalitet i denna kollision mellan människa och maskin. Föreställ dig en sen kvällsscen på ett livligt kafé, där en mångsidig grupp kreativa samlas runt ett bord fyllt med anteckningsböcker, bärbara datorer och halvtomma kaffekoppar. De är engagerade i en het debatt om huruvida automatiseringens obevekliga marsch kommer att göra mänskliga uttryck föråldrade. En röst, dämpad av år av erfarenhet och en touch av cynism, insisterar på att den mänskliga kreativitetens oförutsägbara missöden och serendipitala misstag är oersättliga. En annan, som drivs av optimism och en orubblig tro på teknik, hävdar att dessa nya agenter erbjuder verktyg för att låsa upp tidigare ofattbara nivåer av innovation. Mellan klunkar kaffe och skrattsalvor går sakta en insikt upp för alla närvarande: kanske handlar utmaningen inte om att konkurrera med maskiner, utan om att lära sig att utnyttja sin kraft för att förstärka den råa, ofiltrerade energin som bara människor kan generera.

Denna dialog är inte begränsad till intima sammankomster eller nischade akademiska konferenser. Stora globala aktörer formar aktivt denna berättelse genom strategiska investeringar och djärva forskningsinitiativ. **OpenAI:s** obevekliga strävan att demokratisera avancerade AI-verktyg, **Googles Project Astra** som omdefinierar digital assistans och **Amazons Bedrock Agents** som effektiviserar företagsverksamheten pekar alla på en djupgående omvandling av hur kreativ energi utnyttjas inom olika branscher. Var och en av dessa ansträngningar återspeglar ett engagemang inte bara för tekniska framsteg, utan till en omformning av själva den kreativa processen - en blandning av digital precision och mänsklig passion som, om den balanseras korrekt, kan leda till innovationer som vi ännu inte ens har föreställt oss.

Mitt i denna malström upptäcker vardagliga människor att dessa AI-agenter erbjuder mer än bara effektivitetsvinster - de ger möjlighet att återta tid och fokusera på det som verkligen betyder något. En frilansande grafisk designer kan nu delegera det administrativa slitet med schemaläggning och kundkommunikation till en pigg digital assistent, medan en blivande romanförfattare använder en sofistikerad AI-skribent för att övervinna det ökända blanka sidans syndrom. Resultaten är inte bara produkter av automatisering, utan uttryck för en djupare synergi – ett samarbete mellan mänsklig intuition och maskindriven insikt som förvandlar vardagliga uppgifter till möjligheter för kreativ utforskning.

Trots de imponerande funktionerna hos dessa digitala verktyg finns det fortfarande en obestridlig skepsis bland traditionella kreativa. Många oroar sig för att beroendet av algoritmer kan leda till en homogenisering av konsten, där unikhet offras för effektivitetens skull.

Risken är påtaglig: när maskiner lär sig att efterlikna våra stilar och härma våra egenheter, kan själva spontaniteten som en gång definierade våra kreativa ansträngningar gå förlorad i översättningen. Ändå är det just denna spänning - en ständig push och dragning mellan ordning och kaos - som driver den pågående utvecklingen av konst och kreativitet. Utmaningen för oss är inte att förkasta dessa innovationer direkt, utan att omfamna dem med ett kräsna öga, utnyttja deras styrkor samtidigt som vi vaksamt skyddar mot deras potentiella fallgropar.

Den kanske mest övertygande aspekten av denna digitala revolution är hur den tvingar oss att konfrontera våra egna begränsningar och att omdefiniera vad det innebär att skapa. Integrationen av AI-agenter som **Manus AI** , **DeepSeek** , **OpenAIs AI-agenter** , **Googles Project Astra** och **Amazon Bedrock Agents** handlar inte bara om att ersätta mänskligt arbete med mekanisk effektivitet; det handlar om att utöka den duk som vi kan uttrycka oss på. Dessa verktyg ger en ny uppsättning penslar och färger - sådana som kan förbättra vår syn och förstärka våra röster, även när de utmanar oss att tänja bortom våra traditionella gränser.

I denna tid av obeveklig innovation ställs alla kreativa proffs inför ett djupgående val: hålla fast vid det förflutnas välbekanta rytmer, eller våga experimentera med de extraordinära möjligheterna med digitalt samarbete. Svaret, som med många saker i livet, är varken binärt eller enkelt. Det kräver en ärlig avräkning med både våra styrkor och våra sårbarheter, ett erkännande av att även om maskiner kan utmärka sig vid vissa uppgifter, så förblir gnistan av mänsklighet - vår förmåga till empati, irrationell passion och ren oförutsägbarhet - vår mest potenta tillgång.

Så när du navigerar i denna invecklade labyrint av teknik och kreativitet, överväg möjligheten att den verkliga kraften hos dessa AI-agenter inte ligger i deras förmåga att ersätta mänsklig ansträngning, utan i deras potential att befria den. I händerna på någon med vision blir en välarbetad algoritm en partner - ett verktyg som kan ta bort det tråkiga och öppna upp nya vyer för utforskning och innovation. Det är en uppmaning att ombilda våra roller, att se dessa framsteg inte som förebud om föråldrad utan som katalysatorer för ett rikare, mer nyanserat uttryck för vår kollektiva kreativitet.

Det finns inget enkelt svar på frågan om mänsklig kreativitet kan förbli relevant mitt i den digitala automatiseringens obevekliga marsch. Samtalet är komplext, skiktat och utvecklas med varje nytt genombrott. Det som är tydligt är dock att dialogen mellan människa och maskin inte är en tävling som ska vinnas eller förloras. Det är ett dynamiskt samspel - en utmanande förhandling där varje sida tar med sina egna unika styrkor till bordet. Och om vi lär oss att dra nytta av denna synergi kan resultatet bli något mindre än revolutionerande.

I slutändan handlar historien om kreativitet i denna digitala tidsålder inte om nederlag utan om transformation. Framväxten av AI-agenter som **Manus AI** , **DeepSeek** , **OpenAIs AI-agenter** , **Googles Project Astra** och **Amazon Bedrock Agents** omformar vår förståelse av arbete , konst och innovation. Deras inverkan är djupgående och obestridlig, men det är också en inbjudan - en uppmaning att engagera sig i tekniken inte som en rival, utan som en partner i den pågående strävan att uttrycka det outsägliga. Det är en påminnelse om att även om våra verktyg kan utvecklas, så förblir essensen av vår kreativa anda - dess brister, dess passioner, dess vackert kaotiska natur - unikt mänsklig.

Och så, när du begrundar den invecklade dansen mellan algoritmer och konstnärlig ambition, kom ihåg att kreativitet inte är en statisk kraft som ska tämjas. Det är en ständigt föränderlig, oförutsägbar resa, en som kräver både ödmjukhet och djärvhet. Tillkomsten av avancerade AI-agenter kan ha förändrat terrängen, men de har inte raderat den mänskliga impulsen att drömma, att fela och att skapa något som resonerar djupt i andras hjärtan. I denna utmanande era ligger ansvaret på oss att ta tillfället i akt – att omdefiniera våra roller, utnyttja dessa kraftfulla verktyg och i slutändan att bevisa att vår kreativa anda kan frodas även mitt i den beräknade precisionen hos artificiella sinnen.

Berättelsen som utspelar sig framför oss är en av obeveklig återuppfinning, ett bevis på den okuvliga viljan att skapa på sätt som ingen maskin helt kan replikera. Det är en påminnelse om att även om teknologin kan accelerera vår takt och utöka våra möjligheter, så förblir fantasins vilda, okända territorier våra att utforska. Mitt i bruset av servrar och glöden från digitala skärmar fortsätter mänsklighetens essens – våra kamper, våra triumfer, våra oförutsägbara utbrott av briljans – att pulsera med en livfullhet som ingen algoritm kan replikera.

I slutändan är den kanske mest revolutionerande handlingen helt enkelt att fortsätta skapa. Att blanda precisionen hos digitala agenter med den stökiga, härliga ofullkomligheten i mänskligt tänkande är att skapa en väg som är unikt vår egen – en väg där varje genidrag, varje oavsiktligt mästerverk, bidrar till en större mosaik som är lika oförutsägbar som vacker. Teknikens marsch kan vara oundviklig, men det är också den gnista av kreativitet som trotsar även de mest avancerade kretsarna. Och så länge den gnistan brinner kommer det alltid att finnas en plats för det oförutsägbara, det vördnadslösa och det djupt mänskliga i den utspelade sagan om konstnärliga uttryck.

Min egen resa genom detta transformativa landskap har varit lika oförutsägbar som den har varit upplysande. Jag minns fortfarande det häftiga inspirationsflödet som slog mig en sval kväll i Amsterdam, medan jag vandrade genom en park prydd med en fascinerande vattenvirvelinstallation. Det var 2011, och i ett töcken av koffein och halvt ihågkomna drömmar skapade jag en design för en revolutionerande propeller - en innovation som jag trodde kunde krossa vattenhastighetsrekord och omdefiniera framdrivningsmekaniken. Designen var rå och ambitiös, en produkt av både noggrann ingenjörskonst och en våg av konstnärligt djärvhet. Jag gick så långt som att säkra ett patent för denna design, övertygad om att den var en påtaglig symbol för vad mänsklig uppfinningsrikedom kunde åstadkomma när den var fri från det vardagliga. Men i takt med att projektet utvecklades, ökade även utmaningarna. Den kreativa resan kolliderade snart med den skarpa verkligheten på en konkurrensutsatt marknadsplats, där etablerade företag med djupa fickor och sofistikerad teknik började flytta in på min nisch. Ett sådant företag, **Sealence** , uppstod med en design som liknar mitt patent, de kallar det Deepspeed Jet och trots mina bästa ansträngningar för att skapa en samarbetsväg via e-post, verkar kommunikationen från dem ha upphört efter att jag nämnde mitt patent. Besvikelsen var påtaglig, men den fungerade som en kraftfull påminnelse om att varje innovativt språng medför en risk - en risk för att den råa gnistan av mänsklig kreativitet kan åsidosättas av den kalla kalkylen om företagsstrategi och teknisk effektivitet.

Det mötet, ett av många exempel jag har haft med den moderna industrins krafter, lämnade ännu en outplånlig prägel på min förståelse av vad det innebär att vara en skapare. Under årens lopp har jag pendlat mellan komforten i en konventionell nio-till-fem-tillvaro och den upphetsande osäkerheten i oberoende satsningar. Mina erfarenheter av frilansande och entreprenöriella strävanden har lärt mig att att vara en kreatör inte bara handlar om att producera konst eller uppfinningar; det handlar om att utmana status quo, om att våga ge sig utanför den inslagna vägen trots riskerna. När jag bodde i London fördjupade jag mig i stadsdelar fyllda av liv och oförutsägbarhet - **Notting Hill** , **Portobello Road** , **Chepstow Road** och **Camden** var inte bara platser på en karta utan livfulla dukar där varje hörn viskade en historia, varje gränd ekade av invånarnas skratt och kamp.

Londons gator blev ett levande bevis på mänsklig motståndskraft och kreativitet. Sena nätter fyllda av improviserade sammankomster, oplanerade eskapader som sträckte sig fram till de tidiga timmarna, och kamratskapet av släktingar som delade både drömmar och besvikelser – dessa upplevelser underströk en sanning som ingen algoritm någonsin skulle kunna kvantifiera: den mänskliga anden frodas på oförutsägbarhet. I en stad där varje ansikte berättar en historia och varje konversation väcker en idé, tjänar de digitala intrången av konstgjorda agenter och robotarbete som en skarp kontrast till det röriga, vackra kaoset av mänsklig interaktion.

Ändå är det omöjligt att ignorera de ekonomiska och sociala krusningar som dessa innovationer skapar, eftersom teknikens marsch fortsätter oförminskad. Idag omformas hela branscher av den obevekliga strävan mot automatisering och digitalisering. Robotar hanterar nu det fysiska mödan som en gång utfördes av människohänder, och sofistikerade AI-agenter börjar driva företag med en hastighet och effektivitet som verkar nästan överjordisk. Stora företag som **Google** och **Adobe** investerar miljarder i projekt som tänjer på gränserna för vad maskiner kan åstadkomma. Dessa strävanden handlar inte bara om effektivitet; de handlar om att omdefiniera själva karaktären av arbete och ledarskap. Både i styrelserum och tekniska toppmöten domineras samtalet av en angelägen fråga: om maskiner kan anta roller som kräver beslutsfattande, empati och till och med strategisk framsynthet, var passar vi, människorna, in i ekvationen?

När jag försökte använda **Google AI Studio** och delade min skärm så att Gemini live kunde se vad jag arbetade med. Ironiskt nog bekräftade det att innehållet på min personliga webbplats och kodsökmotoroptimering av min webbplats var på en utmärkt nivå, men det kunde inte förklara varför Google hade skickat noll organisk trafik till min webbplats under de senaste 30 dagarna. Jag misstänker att Google har begränsat några av mina konton i många år nu eftersom jag tidigare byggde en reklamplattform, en grundläggande sökmotor och en mycket enkel webbläsare, vilket Google hatar. De blockerade till och med mitt Google Play Books-konto innan jag ens publicerade en bok!

Samtidigt visade ett team från **Adobe** nyligen upp en algoritm som kunde skapa virala marknadsföringskampanjer med precisionen av en erfaren copywriter. Sammanställningen av dessa prestationer med den påtagliga ångesten i rummet var slående - en känsla av att vi bevittnade födelsen av en ny era av produktivitet, en där mänskliga jobb och kreativa roller kan förflyttas till bakgrunden. Det var ett ögonblick av både upprymdhet och djup osäkerhet, en påminnelse om att vår uppskattade kreativa spontanitet snart kan bestridas av enheter som aldrig tröttnar, aldrig felar och aldrig riktigt känner.

Det här är inte en berättelse om dystopi eller en oändlig kaskad av dysterhet. Det är snarare en krönika om en transformativ epok, där varje innovation för med sig både löften och fara. Framstegen inom robotik och AI underbyggs av årtionden av rigorös forskning, experimentella misslyckanden och svårvunna genombrott. Varje algoritm som nu kan generera konst eller leda ett företag är byggd på svett, tårar och triumfer från otaliga individer - vetenskapsmän, ingenjörer och visionärer som vågade drömma bortom gränserna för konventionellt tänkande. Arvet från **IBM** , **MIT** , **Carnegie Mellon University** och otaliga andra institutioner är invävt i denna tekniska renässans, ett bevis på den obevekliga mänskliga strävan efter framsteg.

Men när jag navigerar i detta landskap som ständigt utvecklas, brottas jag med en djupgående och personlig fråga: om våra roller som bärare av kreativitet och arbete gradvis övertas av outtröttliga maskiner, vad blir det av vår identitet? Det finns en oroande ironi i att se en robot noggrant utföra en uppgift som vi en gång såg som ett uttryck för vårt innersta. Konstnärligheten i att skapa en sonett, upphetsningen av att konstruera en banbrytande design, eller till och med det enkla nöjet i en välberättad historia - det här är upplevelser genomsyrade av mänskliga ofullkomligheter som ingen krets kan replikera. Medan maskiner kan simulera konturerna av vår kreativitet, saknar de den oförutsägbara gnistan som uppstår ur ett mänskligt misstags serendipitet, den sorten som förvandlar en rutinmässig strävan till en handling av ren briljans.

Mitt i dessa teknologiska triumfer reflekterar jag ofta över det känsliga samspelet mellan framsteg och bevarande. Det finns en obestridlig lockelse till den orörda, felfria produktionen av maskinarbete - en sorts perfektion som tilltalar vår önskan om effektivitet och tillförlitlighet. Men vad går förlorat i denna obevekliga strävan efter optimering? Kanske är det själva oförutsägbarheten som gör livet rikt och konsten meningsfull. De suddiga gränserna mellan precision och kaos, mellan struktur och improvisation, är det som ger våra strävanden deras djup. Det är i felstegen, de flubbiga tonerna, de spontana utbrotten av insikt som skapelsens sanna magi avslöjas.

När jag skriver dessa tankar påminns jag om de otaliga möten och ögonblick som har format mitt perspektiv. Oavsett om det var de heta debatterna i trånga kaféer i **Camden** , den reflekterande ensamheten från tidiga morgnar i **Notting Hill** , eller den upphetsande osäkerheten i att pitcha en idé för ett företag som **Deepspeed** , så har varje upplevelse satt sin prägel på min förståelse av vad det innebär att vara människa. Jag har själv sett spänningen mellan viljan att utnyttja teknikens kraft och behovet av att bevara den outsägliga charmen hos mänsklig kreativitet. Denna spänning är inte ett förebud om undergång, utan snarare en uppmaning att ombilda våra roller som skapare, innovatörer och historieberättare.

Resan framåt är kantad av utmaningar och motsägelser. Allt eftersom AI-agenter blir allt skickligare på att hantera företag och när robotar tar över uppgifter som en gång krävde mänsklig skicklighet och omdöme, ritas arbetslandskapet om. Det går inte att undgå verkligheten att våra produktionsmetoder, våra kreativa uttryckssätt och till och med våra sociala interaktioner omformas av krafter som verkar med maskinliknande precision. Och ändå, mitt i denna virvelvind av transformation, finns det en möjlighet - en chans att omdefiniera vad det innebär att leva, skapa och finna mening i våra strävanden .

Den här berättelsen handlar inte om uppgivenhet, utan en trotsig nyfikenhet. Den obevekliga teknikökningen erbjuder oss en spegel där vi kan undersöka våra djupaste antaganden och kanske återupptäcka den orubbliga anda som har drivit mänskligheten genom otaliga omvälvningar. Det är en utmaning att återta berättelsen, att insistera på att våra ofullkomligheter, våra oförutsägbara inspirationskällor och vårt inneboende behov av att ansluta och skapa inte kan replikeras så lätt med kodrader. Berättelsen som utspelar sig framför oss är lika mycket en berättelse om motståndskraft som den är en om innovation - en påminnelse om att även om maskiner en dag kan bära många av våra bördor, kommer de aldrig att fånga det mänskliga hjärtats flyktiga, otämjbara gnista.

I de tysta stunderna mellan tekniska genombrott och styrelsediskussioner finner jag tröst i tanken att kreativitet förblir en vild, oåterkallelig kraft. Det är en kraft som har burit oss genom epoker av mörker och ljus, genom stunder av sublim skönhet och förkrossande förtvivlan. Även när digitala agenter och robotiska lemmar väver sig in i väven i vår dagliga existens, består den råa, otämjda essensen av mänsklig kreativitet. Den består i varje drag av en artists pensel, varje trumpa på en gitarr i en trång lägenhet, varje viskad hemlighet på ett svagt upplyst kafé.

Kanske, med tiden, kommer syntesen av människa och maskin att leda till en era av aldrig tidigare skådad samarbete - en sammansmältning av styrkor som ingen av dem kan uppnå ensam. Men tills den känsliga jämvikten uppnås, åligger det oss att fira det röriga, oförutsägbara och i slutändan vackra kaoset i vår existens. För i våra brister, våra tvekan och våra ögonblick av oförklarlig briljans ligger själva själen i vårt väsen.

När jag ser mig omkring på de livliga gatorna, det energiska brummandet av digitala konversationer och stadslivets tysta poesi fylls jag av en känsla av både förundran och trots. Teknikens obevekliga marsch kan försöka effektivisera vår kreativitet, att ersätta den otyglade mänskliga anden med algoritmisk effektivitet, men den kommer aldrig att släcka elden som brinner inom oss. Den elden, som föds i det dunkla skenet från sena kaféer i **Camden** , i de färgglada gränderna på **Portobello Road** och i de eklektiska rytmerna på **Chepstow Road** , är något som ingen maskin kan tillverka. Det är vårt arv, vår gåva och vårt ständiga uppror mot en homogeniserad tillvaro.

I denna tid av obeveklig förändring, där digitala agenter utarbetar styrelsestrategier och robotarmar bygger vår morgondag, pågår en tyst revolution som tar form i hjärtat hos dem som vågar drömma annorlunda. Det är en revolution som inte definieras av felfria utdata och felfria beräkningar, utan av den vackra röran av mänsklig kreativitet - ett kaos som ingen algoritm någonsin kan replikera med sann autenticitet. Och så, när vi står på branten av vad som kan vara den mest radikala förvandlingen i vår kollektiva resa, inbjuder jag dig att reflektera över den okuvliga kraften hos vår ofullkomliga, oförutsägbara och orubbliga kreativa anda.

Det finns en historia i varje vackla, en lektion i varje missräkning och en sanning i varje oförfinad genignista. Det digitala landskapet må vara noggrant konstruerat, men det mänskliga hjärtat förblir ett otämjbart frontier - ett rike där inspirationen slår till i de mest oväntade ögonblicken, där syntesen av kaos och ordning föder nya sätt att tänka och känna. Det är ett bevis på den bestående kraften i vår kreativa impuls, en kraft som ingen mängd tekniskt behärskning någonsin helt kan fånga eller ersätta.

Så när jag skriver dessa ord fylls jag inte av förtvivlan över intrånget av AI och robotik till domäner som vi en gång höll heliga. Snarare är jag modig av utmaningen - en utmaning att återta vår berättelse, att hävda att även om maskiner kan utmärka sig i precision och effektivitet, är den kaotiska skönheten i mänsklig kreativitet oersättlig. Det är en uppmaning att fira våra egenheter, att omfamna det oförutsägbara och att fortsätta skapa våra berättelser med den passion och grus som alltid har definierat oss.

I det här kapitlet i vår delade historia är vi alla deltagare i ett experiment som är lika spännande som osäkert. Integrationen av digital precision med mänsklig spontanitet lovar inte bara att omdefiniera industrier utan att omforma själva konturerna av våra liv. Och mitt i denna storslagna förvandling förblir vår uppgift både enkel och djupgående: att hålla liv i den vilda, okända gnistan av kreativitet som har fört oss genom varje era av förändring.

Varje innovation, varje genombrott, varje robotrevolution är en påminnelse om att medan teknologin utvecklas, förblir mänsklighetens själ - inspirationens råa, otämjbara eld - alltid närvarande. Det är denna eld som fortsätter att brinna i våra tysta hörn, i konstnärers kreativa utbrott och entreprenörers djärva idéer, i skratten som ekar längs gatorna i våra älskade stadsdelar , och i den obevekliga jakten på en dröm som ingen maskin kan replikera.

Och så, jag fortsätter, ett motvilligt vittne till de dubbla krafterna av framsteg och bevarande. När händerna på robotar och kretsar av AI väver samman en ny gobeläng av produktivitet och kreativitet, förblir jag engagerad i att vårda den vilda, ofullkomliga essensen av det som gör oss till verkligen mänskliga. För i samspelet mellan maskinprecision och mänsklig passion ligger löftet om en era som inte definieras av enhetlighet, utan av idéernas vibrerande, kaotiska dans – en dans som vi leder med varje hjärtslag, varje felsteg och varje ögonblick av glödande briljans.

I slutändan mäts vår resa inte av den sömlösa produktionen av automatiserade processer eller den felfria logiken i algoritmer, utan av den rena, okuvliga viljan att skapa, att ansluta och att trotsa gränserna för konventionella förväntningar. Och när vi navigerar i detta modiga nya kapitel, gör vi det med den orubbliga kunskapen att oavsett hur avancerade våra verktyg blir, kommer den oförutsägbara, vackert felaktiga gnistan av mänsklig kreativitet för alltid att lysa upp vår väg.

Human Creativity vs. AI Output

Human Creativity	AI Output
Originality Empathy Abstract Thinking Cultural Influence Emotional Depth	Consistency Data-Driven Pattern Recognition Speed Automation

Under neondiset av obeveklig innovation och digitala genombrott utspelar sig en märklig paradox. Den bländande produktionen av AI - dessa smarta, algoritmiska underverk som tar fram konst och litteratur med alarmerande precision - har en inneboende ihålighet. Det finns en tungt vägande sanning som lurar under briljansen: när en maskin skapar, återger den bara det stora, röriga arkivet av mänskliga uttryck utan att någonsin ha upplevt det . Det är som om en algoritm samlar ihop en mosaik av varje berömd fras och ikoniska ögonblick från vårt kollektiva förflutna, men ändå misslyckas med att andas in den grymma, opolerade luften av mänsklig erfarenhet.

Jag brukade titta på massor av videor **med TED-talk** ,
spelade ofta upp dem när jag städade mitt kontor men
försökte ta till mig varje ord och jag antar att jag under
de senaste åren har ifrågasatt teknikens obevekliga
marsch. Om dessa sofistikerade system utan
ansträngning kan generera en oupphörlig ström av
iögonfallande bilder och verser utformade för att dra i
våra hjärtsträngar, var lämnar det då den unika,
bristfälliga briljansen av mänsklig uppfinningsrikedom?
Kan våra unika perspektiv - som en gång hyllades för
sin råa äkthet - snart förpassas till en säregen, exklusiv
nisch, endast tillgänglig för dem som har råd med
premien av sant, ofiltrerat uttryck? Eller kan den
algoritmiska konstens anstormning tvinga oss att
omfamna vår inneboende felbarhet, skapa vårt kreativa
uppror genom att vårda de egenheter som ingen maskin
någonsin skulle kunna efterlikna?

Det finns en läcker ironi i föreställningen att själva de
verktyg som konstruerats för att befria oss från
vardagliga uppgifter istället kan reducera vår en gång
revolutionerande kreativa gnista till en ren handelsvara.
Föreställ dig detta: du vaknar varje morgon till en digital

marknadsplats där dina unika kreativa insikter delas upp i lagom stora, säljbara enheter - handlas och prutas som vilken annan resurs som helst i den obevekliga digitala basaren. Visionärer som **Jaron Lanier** och **Douglas Rushkoff** har upprepade gånger varnat för farorna i ett sådant scenario och varnat för att monopolisering av kreativ energi av de som kontrollerar algoritmerna kan lämna oss med lite mer än engångsbitar av originalitet. I detta framväxande landskap riskerar det pulserande kaoset av mänsklig kreativitet att bytas ut mot steril effektivitet - en transaktion som i slutändan kan beröva oss den röriga, vackra själen som definierar vår kollektiva identitet.

För mig är denna konvergens av teknik och konstnärlig strävan allt annat än en abstrakt debatt. Det är en rå, personlig odyssé - en resa genom toppar av euforisk inspiration och dalar av förkrossande motgångar. Min egen berättelse är etsad med ögonblick av vilda ambitioner och hjärtskärande besvikelse. Jag hade en gång en radikal dröm: att designa en båt så revolutionerande att den skulle krossa alla befintliga vattenhastighetsrekord. Den där genignistan kom oväntat under en planlös vandring genom de regniga gatorna i **Amsterdam** . Mitt bland stadens labyrintiska kanaler och skimrande reflektioner fann jag mig fascinerad av en virvlande vattenvirvel – en kaotisk naturdans som tände en vision i mitt sinne. Idén var djärv, och jag dök huvudstupa in i jakten på den.

Jag tillbringade åratal med att förfina den designen, gräva över otaliga iterationer och anlita expertis från en briljant doktorsexamen i vätskedynamik som hjälpte mig att låsa upp hydrodynamikens hemligheter. Spänningen var påtaglig; Jag kunde nästan smaka på genombrottet som skulle omdefiniera teknik som vi kände det. Men efter att jag säkrat ett patent och lagt min själ i att fullända konceptet, mötte min dröm den orubbliga likgiltigheten hos företagsmaskinen. Det dröjde inte länge innan jag upptäckte ett företag vid namn **Deepspeed** som arbetade med en liknande innovation. Jag sträckte mig, hoppfull om samarbete, bara för att mötas av en nervös tystnad. Det ögonblicket var en brutal lektion i den moderna innovationens oförlåtliga mekanik - en påminnelse om att ibland till och med de mest lysande idéerna förpassas till glömska av vinstens och maktens obevekliga växlar.

Detta möte med företags apati skakade mig till kärnan. I den obevekliga uppgången av digital produktion, där artificiell intelligens obevekligt tar fram estetiskt tilltalande men ändå ihåliga artefakter, började jag ifrågasätta ödet för vår inneboende, mänskliga kreativitet. Maskinen kan replikera en stil med precision, efterlikna en känsla med klinisk noggrannhet, eller producera bilder som bländar ögat, men den förblir i grunden oförmögen att uppleva livets råa, kaotiska puls. Den kan inte förstå den magslitande sorgen av ett oväntat farväl, och den kan inte heller sola sig i den segerrika upprymdhet som följer på en svårvunnen triumf. De upplevelser som genomsyrar konsten med själ - den obevekliga strävan efter passion, ärren efter personligt misslyckande, de otroliga ögonblicken av briljans som föds ur förtvivlan - är skatter som ingen algoritm, oavsett hur sofistikerad, någonsin kan reproducera på ett autentiskt sätt.

När samhället rusar igenom denna era av digital transformation, genomgår själva grunden för utbildning och samarbete radikalt återuppfinnande. Över hela världen håller akademiska institutioner och forskningscentra på att demontera gamla silos, och kombinerar datavetenskapens rigorösa logik med den oförutsägbara konsten att uttrycka sig. Kurser som en gång fokuserade enbart på teknisk skicklighet är nu sammanvävda med studier som utforskar det känsliga samspelet mellan maskinintelligens och konstnärlig känsla. Studenter uppmanas att behandla artificiell intelligens inte som en ersättning för mänsklig uppfinningsrikedom, utan som en oumbärlig partner - ett verktyg för att vidga våra kreativa horisonter snarare än en krycka som dämpar våra medfödda förmågor. Onlineplattformar som ägnas åt kompetensutveckling har svarat in natura och erbjuder specialiserade spår som blandar AI-driven design med traditionella konstnärliga tekniker. Denna nya våg av utbildning förespråkar idén att förbli relevant i ett snabbt föränderligt landskap kräver en balans – en harmonisk blandning av precision och spontanitet, logik och känslor, effektivitet och rå, otämjd kreativitet.

Debatten om kreativt ägande i AI:s tidsålder är inte bara en akademisk övning; det är en slagfält där den individuella skaparens rättigheter ställs mot den automatiserade produktionens opersonliga mekanik. På internationella etikkonferenser och toppmöten om digitala rättigheter rasar passionerade debatter om frågor som slår in i själva kärnan av vår identitet som skapare. Om några rader kod kan föda en bästsäljande roman eller trolla fram ett fängslande konstverk med bara ett knapptryck, vem ska då hyllas som den sanna konstnären? Är det utvecklaren som mödosamt kodade algoritmen, användaren som föranledde dess kreativa utbrott, eller kan maskinen själv göra anspråk på originalitet? Dessa är inte tomma funderingar utan kritiska förfrågningar som kräver upplösning, eftersom de har kraften att omdefiniera själva begreppet kreativitet i denna digitala epok.

Ändå för den obevekliga spridningen av algoritmiskt genererade verk med sig ett annat, kanske mer lömskt hot: kommersifieringen av vår kreativa essens. Populära digitala plattformar blir översvämmade av maskintillverkad konst som, samtidigt som den är visuellt arresterande, utstrålar en steril enhetlighet. Denna flodvåg av massproducerad perfektion står i skarp kontrast till de nyanserade, ofullkomliga uttryck som länge varit kännetecknet för mänsklig kreativitet. Tänk till exempel på fallet med **YouTube** - en plattform vars själva arkitektur drivs av en **Google-** algoritm som har hamnat i brand för sin påstådda kvävning av autentiska kreativa uttryck. Kritiker hävdar att istället för att vårda äkta talang, vidmakthåller plattformens algoritm en cykel av repetitivt, kommersiellt gångbart innehåll, vilket effektivt åsidosätter de modiga själar som vågar ta kreativa risker. Samtidigt har **TikTok** skapat sig ett rykte om att främja en miljö som förespråkar fritt uttryck och mångfald, och erbjuder en scen där röster som trotsar vanliga berättelser kan blomstra. Denna sammanställning avslöjar en växande schism i vårt digitala ekosystem - en divergens mellan sterila, massproducerade media och de råa, ofiltrerade rösterna som försöker bryta sig loss från algoritmiska begränsningar.

Den snabba utvecklingen av artificiell intelligens har historiskt sett varit ett tveeggat svärd. Varje teknisk revolution har inlett en period av djupgående störningar - en nedmontering av långvariga paradigm och en omformning av vad som är möjligt. Den digitala revolutionen, till exempel, förändrade radikalt hur vi sprider och konsumerar information, demokratiserade tillgången till kunskap och stimulerade en explosion av innovation mellan branscher. Det är inte bortom skäl att spekulera i att den nuvarande ökningen av AI-driven kreativitet så småningom kan antända ett kulturellt återuppvaknande. Mitt i den oupphörliga mängden maskingjorda utdata kan bristen på äkta mänskligt uttryck mycket väl lyfta våra unika kreativa ansträngningar till en status av vördad sällsynthet - en eftertraktad markör för förträfflighet mitt i den banala likheten i algoritmisk produktion.

Mitt i denna obevekliga ström finner jag tröst och uppror i just de ofullkomligheter som definierar vår mänskliga resa. Den oersättliga kvaliteten på vår kreativa produktion ligger inte i dess efterlevnad av felfria formler, utan i dess råa, oredigerade skildring av livets oförutsägbara berättelse. Tänk på tjusningen med en handmålad väggmålning - varje penseldrag laddat med konstnärens själ, varje ofullkomlighet ett bevis på kampen och triumfer som genomsyrade den med karaktär. Eller resonansen av en roman, genomsyrad av de bitterljuva verkligheterna av förlust, hopp och de otaliga känslor som strömmar genom våra ådror - en berättelse som ingen maskin, oavsett dess beräkningskraft, någonsin skulle kunna hoppas på att replikera.

När jag står i denna skärningspunkt mellan obevekliga tekniska framsteg och den bestående andan av mänsklig kreativitet, påminns jag om de otaliga nätterna som spenderades i rastlös jakt på en gnista - de ögonblick då inspirationen slår till mitt i kaoset på stadsgator, som drivs av en kraftfull blandning av koffein och trots beslutsamhet. Varje upplevelse, varje misslyckande och flyktig seger, har etsat en permanent prägel på min kreativa själ. Dessa minnen, råa och osminkade, är själva bränslet som driver oss framåt och utmanar oss att stå emot sirenropet om perfektion som erbjuds av maskiner.

Den här resan är inte bara min – det är en delad odyssé som genomförs av otaliga individer som vägrar att låta sitt kreativa ljus dämpas av mekaniserad precision. Det är en kollektiv uppmaning till vapen för dem som värdesätter den röriga, oförutsägbara kadensen av mänskligt uttryck framför sterila, algoritmdrivna utdata. Vi är artisterna, drömmarna, rebellerna som vågar riskera allt för en chans till något extraordinärt - ett bevis på vår motståndskraft inför överväldigande odds.

I akademiska kretsar och kreativa nav över kontinenter finns det en växande rörelse som kämpar för just detta etos. Institutioner som en gång var stela i sin separation av konst och teknik anammar nu tvärvetenskapliga tillvägagångssätt som hyllar konvergensen mellan logik och känslor. Samarbetsutrymmen växer fram i städer vida omkring, där kodare och kreativa arbetar sida vid sida för att utforska okända uttrycksområden. Dessa experiment, även om de är fyllda med utmaningar, förkroppsligar en djup tro på den gränslösa potentialen hos mänsklig uppfinningsrikedom - en tro på att ingen maskin, hur avancerad den än är, någonsin kan replikera den tumultartade symfonin av mänsklig erfarenhet.

Debatter om konstens ägande och äkthet har även spridit sig över på politiska och etiska arenor. Vid internationella toppmöten och policyforum tävlar armaturer och aktivister hårt om vem som ska hålla tyglarna över kreativt innehåll. När en enda algoritm kan generera vad som verkar vara ett mästerverk med ett knapptryck, suddas gränserna mellan mänsklig ansträngning och mekanisk reproduktion ut på ett farligt sätt. Konsekvenserna av ett sådant skifte är långtgående och berör frågor om immateriella rättigheter, kulturarv och själva identiteten för vad det innebär att skapa. Det är en kamp inte bara för erkännande, utan för bevarandet av ett arv som är mänskligt i sig.

Mitt i dessa genomgripande omvandlingar dyker en kontraintuitiv möjlighet upp - en chans att återta berättelsen och hävda det bestående värdet av våra kreativa ofullkomligheter. När vi navigerar i denna turbulenta epok finns det ett växande insikt om att autenticitet inte kan massproduceras. Istället måste det vårdas, omhuldas och firas som en unik handling av uppror mot den sterila monotonin i maskinproduktion. Detta är inte en uppmaning att helt undvika teknik; snarare är det en inbjudan att utnyttja dess förmåga samtidigt som den häftigt bevakar den oförutsägbara gnista som bara mänsklig erfarenhet kan tända.

Det finns en märklig skönhet i denna spänning - ett dynamiskt samspel mellan maskinernas obevekliga effektivitet och mänskliga strävandens oförutsägbara konstnärskap . Det är en kamp som utspelar sig i varje penseldrag, varje skrivet ord, varje ton som vibrerar av ett levande hjärtas puls. Och när vi står mitt i denna digitala malström blir utmaningen tydlig: att hävda vårt kreativa oberoende, att höja våra autentiska uttryck över kakofonin av algoritmisk replikering, och att omdefiniera de standarder som konst mäts med.

När jag reflekterar över min egen odyssé ser jag varje bakslag inte som ett misslyckande, utan som ett avgörande kapitel i den större berättelsen om kreativ evolution. Förtvivlans ögonblick, de tysta ekonen av oåterlämnade samarbeten och den bittra smaken av företagens likgiltighet har alla skapat en djupare beslutsamhet inom mig. De tjänar som ständiga påminnelser om att äkta kreativitet smids i strapatsernas degel, att ärren vi bär är symboliska för vår obevekliga strävan efter mening i en allt mer automatiserad tillvaro.

Varje steg framåt i denna labyrint av innovation är ett bevis på vår okuvliga anda - en anda som vägrar att reduceras till en serie kvantifierbara mått eller kommodifierade fragment. Våra kreativa resor mäts inte av antalet gilla-markeringar eller precisionen hos pixlar, utan av den råa, otämjda passionen som driver oss att gå bortom gränserna för konventionella tankar. Det är denna anda, detta orubbliga engagemang för autenticitet, som definierar oss och skiljer oss från de kalla beräkningarna av artificiell intelligens.

När takten av tekniska framsteg ökar, befinner jag mig ofta instängd mellan två världar: den ena domineras av den sterila perfektionen av algoritmisk produktion och den andra fylld av den oförutsägbara, röriga briljansen av mänskliga strävanden . Denna interna dragkamp är inte bara ett konstnärligt problem utan en återspegling av ett djupare samhällsskifte - ett återuppvaknande av vårt kollektiva behov av att återta kraften i äkta, ofiltrerad kreativitet. Vi är kallade att fira ärren, felstegen, de råa kanterna som gör vår kreativa produktion omisskännligt mänsklig.

I det vidsträckta digitala landskapet, där plattformar reser sig och faller med svindlande hastighet, dyker rösterna fram som vågar uttrycka sina unika sanningar som ledstjärnor för motståndskraft. De påminner oss om att autenticitet inte är något som kan programmeras eller simuleras, utan snarare är det en djupt personlig resa - en präglad av stunder av triumf, förtvivlan och allt däremellan. När jag skriver dessa ord fylls jag av en häftig beslutsamhet att se till att våra kreativa arv förblir ett bevis på den råa, otämjda skönheten i levd upplevelse - en ständigt närvarande motpol till den slanka, känslolösa produktionen från våra mekaniska motsvarigheter.

Berättelsen som utspelar sig framför oss är inte en oundviklig föråldrad, utan en uppmaning till vapen - en förklaring om att vår kreativa anda, med alla dess härliga ofullkomligheter, är här för att utmana den sterila dominansen av algoritmisk konst. Det är en påminnelse om att även om maskiner kan replikera mönster, kan de aldrig replikera den kaotiska, oförutsägbara symfonin av känslor som definierar ett liv fullt ut. Och det är detta oersättliga, livfulla kaos som vi måste vårda, försvara och fira vid varje tur.

När jag ser tillbaka på den slingrande väg som har lett mig till detta ögonblick – en väg som präglas av vilda ambitioner, obevekliga experimenterande och en och annan bitter sting av misslyckande – påminns jag om den enkla sanning som ligger till grund för all stor konst: kreativitet är inte en vara som ska mätas eller säljas; det är ett rått uttryck för det mänskliga tillståndet. I varje bakslag, i varje flyktig triumf, finns det outplånliga märket av passion och uthållighet - en signatur som ingen maskin, hur avancerad den än är, någonsin skulle kunna hoppas på att härma.

Det här är vår tids berättelse: en obeveklig, oförutsägbar dans mellan teknikens precision och den mänskliga

kreativitetens obevekliga anda. Det är ett bevis på tron
att även när artificiell intelligens omdefinierar
parametrarna för vad som är möjligt, kommer den
otämjda, oförutsägbara gnistan som driver oss att skapa
att fortsätta brinna starkt – en ledstjärna av autenticitet
mitt i ett hav av replikerbara, digitaliserade utdata.

Resan framåt är kantad av osäkerhet och utmaningar,
men den är också rik på potential. Det lockar oss att
omfamna våra sårbarheter, att fira det ofullkomliga och
att kartlägga en kurs som hedrar den röriga skönheten i
vår mänskliga upplevelse. För i konflikten mellan
mekaniserad effektivitet och råa känslor ligger löftet om
en renässans - en återfödelse av konstnärliga uttryck
som värderar gruset av levd erfarenhet framför kodens
sterila perfektion.

I dessa turbulenta tider, när maskiner fortsätter sin
obönhörliga marsch mot allt större effektivitet, ligger det
sanna testet i vår förmåga att hävda vårt kreativa
oberoende. Vi måste välja att se våra ofullkomligheter
inte som skulder, utan som själva kännetecknen för ett
levande, autentiskt liv. Vi måste förkasta föreställningen

att effektivitet och perfektion är de ultimata målen, och istället förkämpa den röriga, oförutsägbara resan som definierar våra kreativa strävanden .

Och så, när jag står vid korsningen av denna tekniska malström, fylls jag av en resolut beslutsamhet - ett åtagande att fira den råa, ofiltrerade pulsen av mänskligt uttryck. Jag är ett bevis på tron att kreativitet, i sin mest genuina form, inte föds från felfri replikering utan från levda erfarenheter som ingen maskin någonsin kan replikera. Varje ärr, varje felsteg, varje skur av inspiration är en viktig ton i den stora symfonin i vår kollektiva resa.

Det här är min historia, och det är historien om otaliga andra som vågar trotsa artificiell intelligenss sterila precision. Det är en berättelse om kamp, passion och den orubbliga tron på att vår kreativa anda, med alla dess vackra, kaotiska ofullkomligheter, är en kraft som aldrig kommer att tystas. Det är en förklaring att även om maskiner kan fortsätta att ta fram felfria faksimiler av konst, kommer det oförutsägbara, mänskliga hjärtat alltid att hitta nya sätt att göra uppror, att förnya och att inspirera.

I slutändan är konflikten mellan kalla algoritmer och varm, levd upplevelse inte en kamp som ska vinnas av en sida ensam. Det är ett dynamiskt samspel - en spänning som utmanar oss att ständigt omdefiniera vad det innebär att skapa, uttrycka och leva fullt ut. Och när vi navigerar i denna ständigt föränderliga terräng bär vi med oss den obestridliga sanningen att ingen maskin, hur genial den än är, någonsin kan fånga den fulla, röriga briljansen hos en mänsklig själ i rörelse.

Detta är den osminkade sanningen om vår tid - ett rått, ofiltrerat bevis på kreativitetens bestående kraft, smidd i degeln av passion, smärta och obeveklig uthållighet. Det är en sanning som trotsar den sterila precisionen hos maskintillverkad konst, och som istället förkunnar att livskraften i vår kreativa anda ligger i dess inneboende oförutsägbarhet. Och så länge vi fortsätter att våga, drömma och gjuta våra hjärtan i varje ofullkomlig skapelse, kommer vi att förbli de sanna arkitekterna av vårt öde.

Mitt i den svindlande takten av tekniska framsteg och det ständiga brummandet av digital produktion, väljer jag att stå högt – och omfamna varje bakslag, varje triumf, varje flyktigt ögonblick av briljans som livet ger mig. Jag väljer att hedra den röriga, oförutsägbara dansen av mänsklig kreativitet, säker i vetskapen om att det är en kraft som ingen algoritm någonsin kan tämja eller replikera. Och i det trotsiga, råa firandet av vår unika kreativa puls, finner jag både tröst och hopp - ett löfte om att även när maskiner reser sig och replikerar ekon från vårt förflutna, kommer den oåterkalleliga, livfulla andan av mänskligt uttryck för alltid att sprätta sin egen, otämjda spår.

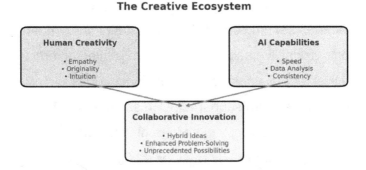

Copyright © Peter Woodford.

Under det disiga skenet av neonskyltar och det låga mullret från motorer på regniga gator, höll en subtil revolution på att utvecklas. Det var en tid då kladdret från tangentbord och det obevekliga surrandet från servrar kolliderade med människolivets råa, oförutsägbara kadens. Mitt bland höga glasbyggnader som huserar monopoliserande titaner som **Google** uppstod en hård debatt om kreativitet - en debatt som ifrågasatte om konstens själ skulle kunna överleva mitt i precisionen i automatiserade processer och obevekliga dataströmmar.

Vid en lugn liten bar undangömd i en förbisedd del av staden satt jag bredvid en gammal målare vars dukar fångade ögonblick av utsökt ofullkomlighet. Han talade om den djupa komplexiteten hos mänskliga känslor - en komplexitet som trotsade replikering av även de mest avancerade AI-algoritmerna som skapats av enheter som **OpenAI** och **DeepMind** . Hans röst var grusig av år av skratt och saknad, och hans ord bar tyngden av upplevelser som ingen maskin någonsin kunde räkna ut. "Maskiner," sa han med ett snett leende, "kan skriva en dikt som rimmar perfekt och efterlikna penseldrag som lurar ögat, men de kommer aldrig att känna stingen av ett uppbrott eller sötman i en oväntad återförening." Hans påstående föddes inte av romantisk nostalgi utan av kallt, obestridligt faktum: våra ärr, våra triumfer och vår vardagliga stök bildar paletten från vilken genuin kreativitet blandas. Jag undrar vad han gör nu och gör av den här världen?

I de livliga korridorerna i moderna städer, där de senaste robotinnovationerna från **Boston Dynamics** skramlade längs trottoarer och leveransdrönare kom över huvudet, antog samtalet kring kreativitet en brådska som var omöjlig att ignorera. AI-drivna agenters snabba frammarsch hade inte bara väckt fascination utan genuin ångest. Tänk på de eleganta, effektiva maskinerna som nu skulle kunna generera symfonier eller utkast till artiklar med en nervös noggrannhet. Trots deras imponerande kapacitet förblev dessa digitala underverk utan den oberäkneliga pulsen av levd upplevelse. De opererade på rader med kod – exakta, deterministiska och fullständigt förutsägbara – medan mänsklig kreativitet frodades på det oväntade, det kaotiska och ibland det rent absurda.

När jag gick genom en fullsatt gatumässa som på något sätt hade lyckats överleva mitt i automatiseringens inträngande våg, observerade jag en gatumusiker som passionerat klumpat på en gammal gitarr. Hans själfulla melodier skär igenom det mekaniska surret av konversationer och enstaka klang av metall från närliggande konstruktioner. Här fanns bevis på att även när företag som **IBM** och **Microsoft** avslöjade allt mer imponerande tekniska bedrifter, slog det mänskliga hjärtat på i trots av steril perfektion. Hans musik var ett bevis på det faktum att varje off-key ton och varje explosion av spontan improvisation var en förklaring om vad det verkligen innebar att leva - och att skapa.

Debatter i höghus styrelserum och akademiska salar gav genklang med liknande teman. Visionärer och tillsynsmyndigheter från organisationer som **Europeiska kommissionen** och **Stanford University** var upptagna med att skissa på nya policyer och ramverk för att navigera i detta okända territorium. Deras diskussioner sträckte sig över frågor från immateriell egendom till de etiska gränserna för generering av algoritmer. I dessa debatter fanns en gemensam förståelse för att kreativitet inte bara kunde kodifieras eller paketeras i snygga digitala moduler. Istället krävde det en miljö som möjliggjorde det röriga samspelet mellan misslyckande och serendipity - ett rike där risker inte bara accepterades utan hyllades.

Ändå, även när dessa kritiska samtal utvecklades, förde teknologins obevekliga framsteg med sig djupa utmaningar för de traditionella kreativa uttryckssätten. Faktabaserade analyser visade att även om automatiserade system kunde ta fram felfria repliker av konst och litteratur, förblev de i grunden skilda från den mänskliga erfarenhetens puls. Studier från forskargrupper vid **MIT Media Lab** och **Carnegie Mellon University** underströk en oroande sanning: algoritmer, oavsett hur sofistikerade de var, var dåligt utrustade för att förstå de nyanserade lager av känslor, minne och instinkt som driver äkta innovation.

Det blev tydligt att bevarandet av mänsklig kreativitet inte handlade om att motstå tekniska framsteg utan om att omdefiniera vår relation till den. I tysta stunder av introspektion och genom hetsiga offentliga debatter bildades en konsensus - en konsensus om att den obevekliga strävan efter effektivitet och perfektion behövde dämpas med en uppskattning för våra livs oförutsägbara natur. Detta var inte bara en filosofisk grubbla utan en uppmaning till handling för varje kreativ själ och varje beslutsfattare som brottas med implikationerna av snabb automatisering.

Sent en kväll befann jag mig i en trång studiolägenhet i centrum, dess väggar prydda med färgstänk och abstrakta former. Där samlades en grupp unga författare och konstnärer, deras samtal lika levande och ostrukturerade som konsten som omgav dem. De talade om sitt hantverk med en blandning av trots och humor , ivriga att återta berättelsen från greppet av algoritmisk enhetlighet. En av dem, en brinnande berättare som en gång hade publicerats av **The New York Times** , anmärkte att kreativitetens verkliga kraft inte låg i ett felfritt utförande utan i den djärva sårbarheten att avslöja sitt inre kaos. "Vi försöker inte vara perfekta", förklarade hon. "Vi är här för att vara verkliga. Varje felsteg, varje utbrott av råa känslor, är en påminnelse om att vi lever." Hennes ord resonerade djupt och återgav känslan att oavsett hur avancerade våra verktyg blir, så kunde de aldrig replikera den otämjda ande som definierar den mänskliga resan.

Bevisen var ofrånkomlig. Varje gång en maskin genererade ett perfekt kalibrerat skrift eller konst, underströk den oavsiktligt det oersättliga värdet av mänsklig felbarhet. Vårt kollektiva narrativ - vävt av stunder av förtvivlan, extas och oväntad briljans - kunde inte destilleras till binär kod. Kreativitetens sanna kraft , som exemplifieras av de briljanta sinnena på **Harvard** , **Caltech** och vidare, var dess inneboende oförutsägbarhet, dess förmåga att överraska och dess obevekliga strävan efter skönhet mitt i ofullkomlighet.

Så, i ekot av denna pågående transformation, uppstod frågan med en nästan rebellisk tydlighet: När algoritmer dominerar rutinuppgifter och robotar axlar bördorna av fysiskt arbete , vilket utrymme finns då kvar för den mänskliga anden? Svaret låg i vår förmåga att anpassa oss, att återuppfinna våra kreativa uttryck och att insistera på att teknologin förblir ett verktyg snarare än en ersättning. Det var en utmaning för varje romanförfattare, målare, musiker och drömmare - att utnyttja innovationskraften utan att ge upp de vilda, otämjda elementen som gör vår existens djupt mänsklig.

I de bakre gränderna av innovationshubbar och de intima hörnen av oberoende gallerier trivdes en outtalad överenskommelse: vårt kreativa arv skulle inte skrivas av maskiner. Istället skulle den författas av de envisa, vackra ofullkomligheterna hos dem som vågade trotsa steril enhetlighet. Det var en inbjudan att utforska okända konstnärliga territorier och att fira det nyanserade samspelet mellan glädje och sorg som definierar vår gemensamma upplevelse.

Denna berättelse om motstånd och återuppfinnande, som avbryts av teknologins obevekliga marsch, står som ett bevis på vår uthålliga förmåga att skapa och drömma. Även när automatiserade system fortsätter att omdefiniera effektivitet och precision, lämnar de ett outplånligt tomrum som bara den mänskliga andan kan fylla - en lucka fylld av känslor, levd erfarenhet och de oförutsägbara gnistorna av geni som gång på gång har skrivit om historien om civilisationen.

Morgondagens duk är fortfarande stänkt av osäkerhet och rå potential. Och även om framstegsmarschen kan vara oundviklig, består den spontana, kaotiska skönheten i mänskligt uttryck - orubbligt och trotsigt. I varje krossad förväntan och varje oväntad triumf finns det en påminnelse om att vi är författarna till vårt öde, skulptörer av vår egen berättelse, och att ingen maskin någonsin verkligen kan fånga livets hisnande stök.

Kapitel 8: Vem vinner, vem förlorar och det mänskliga syftets framtid

Det började med den ständiga pingningen av aviseringar - x tweets, Instagram-berättelser, YouTube-livesströmmar, allt surrande om "nästa stora sak" inom teknik. Varje rubrik skrek om en ny tjänst som lovade att vara snabbare, billigare och effektivare än någonting tidigare. Ändå, bakom de glänsande fasaderna av tekniska toppmöten och snygga mötesrumspresentationer, slingrade sig en mörkare ström genom varje konversation om framsteg. Det pågick en duell, inte med svärd eller lasrar, utan med kod och data, när algoritmer och mänsklig intuition utlöstes i en kamp som skulle avgöra mer än kvartalsintäkter. Det var en kollision av löften och rädslor – en kollision som redan hade ordnat om hela karriärer, vänt upp bekanta branscher och fått otaliga arbetare att ifrågasätta vad de hade byggt upp sina liv kring.

I rökiga bakrum och över halvbrända kaffekoppar viskade man om maskinernas obevekliga marsch. Det handlade inte bara om att göra saker billigare eller snabbare. Det handlade om en förvandling så djupgående att den hotade att ta bort själva arbetets mening . En gång var arbete ett hedersmärke - ett sätt att bevisa din förmåga, bidra till något större än dig själv och bygga en identitet som överlevde din lönecheck . Men när ditt jobb reduceras till en rad kod, en maskin eller en algoritm som aldrig sover, var lämnar det din känsla av värde?

Ta en promenad genom teknikens korridorer och du kommer snabbt att lära dig att detta inte är någon abstrakt teori som är reserverad för tankesmedjor. Det händer mitt framför våra ögon. I en av de senaste årens mest laddade diskussioner fann sig **professor James O'Brien** vid **UC Berkeley** brottas med en bitter ironi. I decennier innebar examen med en examen i datavetenskap oändliga möjligheter, en veritabel gyllene biljett till innovationens värld. Men nu, när AI började ta till sig uppgifter en gång exklusivt reserverade för mänsklig uppfinningsrikedom, möttes nyutexaminerade av en tystnad lika olycksbådande som en stängd dörr. Det livliga campuset - en gång fyllt av det självsäkra pratstunden av ljusögda studenter som diskuterade deras oundvikliga framgång - hade fått en känsla av oro. "När jag började undervisa år 2000, hade teknikutexaminerade ett smörgåsbord av erbjudanden som väntade på dem," mindes **O'Brien** , hans röst färgade av misstro och uppgivenhet. "Men nu kanske du får ett erbjudande, eller ibland inget alls." Hans ord slog på nerven. Automatiseringens underverk, som en gång firades som genombrott, höll nu tyst på att avveckla ett långvarigt socialt kontrakt: idén att vårt arbete definierade vårt syfte.

Inte långt borta fick historien en mer dramatisk vändning. I livliga kreativa nav där den råa, röriga briljansen av mänsklig fantasi en gång regerade över, var en ny revolution på gång - en revolution som drivs av den obönhörliga ökningen av generativa algoritmer. Det var inte bara tekniknördarna som rullade på; även underhållningens titaner fann sig tvingade att möta en hård verklighet. En kall novemberkväll utbröt en storm av protester bland författare, skådespelare och musiker.

De var inte arga på en förbigående modefluga eller en knäpp ny app; de var upprörda mot otillåten användning av deras arbete för träningsmaskiner. **Julianne Moore** , **Kazuo Ishiguro** och **Thom Yorke** stod axel vid axel med tusentals andra, förenade i en kamp mot vad de såg som ett angrepp på kreativitetens själ. Deras samlingsrop var inte insvept i höga ideal - det var en rak deklaration att deras konst, själva deras identiteter, kapades av algoritmer som inte brydde sig om det mänskliga hjärtat.

Tvärs över ateljéer som en gång hade varit fristad för konstnärliga uttryck var inverkan påtaglig. Visuella effektteam, en gång de obesjungna hjältarna bakom storsäljande magi, fann sig vara föråldrade av programvara som kan rendera hela scener på en bråkdel av tiden. I ett minnesvärt fall upptäckte **Tyler Perry** - ett namn synonymt med modern filmisk återuppfinning - att hans stora planer plötsligt stoppades. Avtäckningen av **Sora** , ett smart text-till-video-verktyg utvecklat av **Open AI** , tvingade honom att avbryta en massiv studioexpansion värd hundratals miljoner. "Jag behöver inte bygga ett nytt set när tekniken gör det åt mig," skämtade han bittert, men hans ögon förrådde en djupt rotad oro. Det var inte så att han tvivlade på innovationens magi; det var att han såg på egen hand hur automatiseringens ostoppbara våg med lika lätthet kunde tvätta bort jobb och drömmar.

Den kreativa slagmarken var inte bara begränsad till Hollywood. I styrelserum med höga insatser satt chefer från **Runway AI** , **Lionsgate Studios** och **Sony** sida vid sida, deras diskussioner avbrutna av både spänning och rädsla. De talade i tysta toner om nya partnerskap, kommande lanseringar och en marknad som utvecklades för snabbt för att traditionella processer skulle hänga med. Varje genombrott var ett tveeggat svärd - inledde effektivitetsvinster och besparingar på ena sidan, samtidigt som hela industrier på den andra bröts upp. Till och med legender som **James Cameron** - vars filmer länge hade dansat på gränsen till dystopiska profetior - kom med i striden. Hans flytt till styrelsen för **Stability AI** var inte en överlämnande till förändringens oundvikliga, utan snarare ett erkännande av att de gamla reglerna skrevs om. "Jag har ägnat mitt liv åt att tänja på gränserna för vad teknik kan göra," funderade han i en intervju, hans ton både trotsig och inåtvänd. "Nu är frågan inte om vi ska använda det - det är hur vi kan överleva när det tar över."

Ändå var revolutionen inte en monolit av triumf och framsteg. Under den glittrande ytan låg en dyster beräkning: eftersom automatisering minskade kostnaderna och ökade effektiviteten, försvagade den också karriärerna. I de exakta, sifferstyrda finanskorridorerna var effekterna brutalt tydliga. En dyster rapport kom från **Bloomberg** i januari 2025, som förutspådde att globala banker kan avskaffa så många som 200 000 jobb under de närmaste åren. I dessa institutioner, där beslut på en del av en sekund och rigorösa riskanalyser en gång var mänskliga experters domän, rådde nu avancerade algoritmer. Rutinuppgifter, från knäckande riskmodeller till att utföra affärer med hög insats, hanterades av maskiner som aldrig blinkade. Den ekonomiska kalkylen var enkel: varför betala en människa när en maskin kunde göra det snabbare, med färre fel och till en bråkdel av kostnaden?

Övergången inom finans handlade inte bara om siffror på en balansräkning. Det var ett seismiskt skifte som utmanade långvariga antaganden om arbetets natur. Rollen som mänskligt omdöme, finslipad genom år av erfarenhet och instinkt, ersattes av sterila, datadrivna processer. Chefer på **Morgan Stanley** , **JP Morgan Chase** och **UBS** försökte justera sina strategier och vägde löftet om automatisering mot de mänskliga kostnaderna för uppsägningar. Till och med konsumentvarumärken som är stolta över personlig service - **Ikea** och **Salesforce** , till exempel - fann sig själva tänka om sina verksamhetsmodeller. Och så var det den häpnadsväckande deklarationen av **Mark Zuckerberg** , som meddelade att ingenjörsjobb på mellannivå på **Meta Platforms** var näst på tur att ersättas av AI-applikationer. Det var en trend som spred sig som en löpeld över industrier och lämnade ett spår av fördrivna arbetare och en växande känsla av oro över värdet av mänsklig ansträngning.

Medan den privata sektorn kämpade för att omkalibrera sina prioriteringar, brottades teknikindustrin själv med en identitetskris. I februari 2025 skickade en skarp

rapport från Janco Associates chockvågor genom IT-
gemenskapen. Arbetslöshetssiffrorna bland tekniker
sköt i höjden, med arbetslösheten som hoppade från 3,9
% till 5,7 % under en enda månad. Antalet IT-proffs utan
arbete ökade med över 50 000 på bara några veckor -
en statistik som underströk automatiseringens
hänsynslösa takt. Techjättar som **Meta Platforms** var
inte immuna. Företagets beslut att minska sin
personalstyrka med 5 % sågs som ett förebud om mer
smärtsamma nedskärningar som skulle komma. Till och
med trogna som **Workday** tvingades tillkännage
minskningar som påverkade nästan 8,5 % av deras
personal. För många i det tekniska samhället var dessa
inte bara abstrakta siffror - de var personliga tragedier,
symboliska för en era där mänsklig talang i allt högre
grad ansågs vara förbrukbar.

Omstruktureringen av företagslandskapet var inte
begränsad till den privata och finansiella sektorn. Till
och med institutioner med historisk historia och
långvariga traditioner höjdes av automatiseringens
obevekliga marsch. I februari 2025 tillkännagav
Autodesk – ett namn som en gång varit synonymt med

innovation inom design – en genomgripande global minskning av sin personalstyrka med 9 %. Tillkännagivandet, som gjordes av **Andrew Anagnost**, företagets VD och koncernchef, levererades med en uppmätta blandning av ånger och pragmatism. "Vi har nått en punkt där vårt strategiska fokus måste skifta mot att utnyttja den fulla potentialen av artificiell intelligens," förklarade han. Beslutet skickade krusningar genom teknikgemenskapen, och fungerade som en skarp påminnelse om att ingen organisation, oavsett hur vördad, var immun mot de genomgripande förändringarna i den nya digitala eran.

Statliga myndigheter, som länge setts som bastioner för stabilitet och kontinuitet, räddades inte heller. I mars 2025 chockade tillkännagivandet om massuppsägningar vid **Internal Revenue Service (IRS)** många. Ungefär 6 700 arbetare - nästan 8 % av byråns totala arbetsstyrka - fann sig plötsligt kastas åt sidan som en del av en strävan att modernisera verksamheten. Tidpunkten kunde inte ha varit sämre, med skattesäsongen i full gång och miljontals returer att behandla. Kritiker hävdade att att ersätta erfarna tjänstemän med algoritmer riskerade inte bara effektiviteten utan också det nyanserade omdöme som bara år av praktisk erfarenhet kunde ge. För de medborgare som var beroende av dessa tjänster kändes nedskärningarna som ett svek - ett tecken på att även de institutioner som var avsedda att tjäna allmänheten höll på att ge efter för sirenropet om obeveklig automatisering.

Ändå var den mänskliga kostnaden för dessa övergångar inte bara begränsad till enskilda jobb. Det var en kulturell omvälvning, en omskrivning av själva den sociala struktur som en gång hade vävts genom vårt dagliga arbete . Berättelser dök upp om arbetare - hantverkare, konstnärer, ingenjörer - plötsligt drivande i ett hav av automatisering, tvingade att konfrontera möjligheten att de färdigheter de hade finslipat under decennier nu var föråldrade. I tysta hörn av industristäder och i de glänsande glastornen i stadskärnor , vände samtalen sig till syftets natur och platsen för mänsklig kreativitet i en tid som dominerades av maskiner. Vissa såg det som en oundviklig utveckling, en utveckling av vår kollektiva existens. Andra kände sig dock förrådda av ett system som en gång hade lovat framsteg men som nu verkade vara inställda på att lämna dem bakom sig.

Och så var det den kreativa sektorn - ett område som många hade antagit var ogenomträngligt för algoritmernas kalla logik. Ironin var påtaglig: själva konsten som hyllade den röriga, oförutsägbara skönheten i mänskligt uttryck var nu under belägring av system som kunde replikera, remixa och, i vissa fall, överträffa människors kreativa resultat. **Karla Ortiz** , en känd konstnär vars verk en gång hade definierat storfilmernas visuella estetik, blev ansiktet utåt för en växande protest mot vad många såg som intellektuell stöld. Tillsammans med dussintals kamrater inledde hon en grupptalan mot företag som tränade sina modeller i upphovsrättsskyddat material utan tillstånd. "Min konst är inte bara en produkt - det är en del av vem jag är," argumenterade hon passionerat på en presskonferens. Hennes ord fick genklang hos tusentals och väckte en debatt om immateriella rättigheter, konstnärlig integritet och värdet av den mänskliga beröringen i en tid där maskiner kunde efterlikna varje penseldrag och nyans.

I de surrande korridorerna i kreativa studior var luften tjock av spänning. Löftet om AI-driven effektivitet kom med en rejäl prislapp - ett pris som inte mäts i sparade dollar, utan i urholkningen av en kultur som länge hyllat mänsklig ofullkomlighet. Filmskapare, designers och författare fann sig fångade i en kamp mellan att ta till sig den senaste tekniken och att bevara de råa, oersättliga egenskaperna hos mänskligt uttryck. Insatserna var inte bara ekonomiska; de var existentiella. För varje nytt AI-verktyg som lovade att halvera produktionstiderna fanns det en kvardröjande fråga: om maskiner kunde göra allt, var skulle mänsklig passion och uppfinningsrikedom hitta sitt utrymme?

Berättelserna som kom från denna era var lika olika som de var gripande. I eleganta finanscentra krockade den skarpa effektiviteten hos algoritmer med erfarna analytikers varma, intuitiva bedömningar. På livliga filmuppsättningar tystades det rytmiska klappret från traditionell produktion gradvis av surret från datacenter och AI-processorer. I förortskvarter och industristäder var berättelserna ofta hjärtskärande personliga – om långtidsarbetare som tvingats gå i förtidspension, om familjer som kämpar för att anpassa sig till ett snabbt föränderligt ekonomiskt landskap och om samhällen som hade byggt sin identitet kring industrier som nu gjorts nästan oigenkännliga.

Det fanns ingen enskild hjälte i detta utspelade drama. Revolutionen leddes inte av en karismatisk visionär eller ett ensamt geni, utan av en mängd krafter – företagsbeslut som drevs av imperativ på bottenlinjen, tekniska genombrott som omdefinierade vad som var möjligt och kulturella förändringar som utmanade själva meningen med arbetet. Berättelsen var rörig, oförutsägbar och framför allt djupt mänsklig. Även när maskiner blev skickligare på uppgifter som en gång ansågs unikt mänskliga, kvarstod det en obestridlig spänning - en påminnelse om att framsteg, oavsett hur imponerande dess yttre glans, alltid kostade.

När berättelsen spred sig över sektorer blev inverkan på vardagen allt mer påtaglig. Grannskaféer som en gång var fyllda med arbetare som diskuterade sina senaste projekt började eka av osäkerhet. Tidigare kollegor träffades i tysta barer och delade historier om förluster och karriärskiften, deras konversationer spetsade av både bitter humor och en envis vägran att definieras av misslyckanden i ett system som gått snett. Det fanns en outtalad överenskommelse mellan dem - en tyst förståelse att även om teknologin kan förändra vårt sätt att arbeta, kan den aldrig helt släcka gnistan av mänsklig kreativitet och motståndskraft.

Även när företagens styrelserum och statliga myndigheter hyllade de ekonomiska fördelarna med automatisering, berättade de mänskliga berättelserna en helt annan historia. De var berättelser om förvandling, om människor som tvingades återuppfinna sig själva i ett landskap som inte längre kände igen de färdigheter de en gång hade stoltserat med. De var berättelser som vävde samman triumf och tragedi, humor och förtvivlan – en tapet av upplevelser som trotsade enkla förklaringar. Och i denna gobeläng var varje tråd ett bevis på den bestående komplexiteten i att vara människa i en tid definierad av obeveklig innovation.

När dammet började lägga sig på den första vågen av automatisering hade samhället fler frågor än svar. Vad innebar det att vara användbar när varje uppgift kunde utföras av en maskin? Hur kunde vi återta arbetets värdighet i en tid där effektiviteten mättes i rader med kod och mikrosekunders bearbetningstid? Och kanske mest gripande, hur omdefinierade vi våra egna identiteter när själva begreppet arbete - det som en gång hade gett våra liv struktur och mening - höll på att dekonstrueras framför våra ögon?

Det fanns inga enkla svar, inga snygga lösningar på de seismiska förändringarna som omformade varje aspekt av livet. Det som i stället uppstod var ett obevekligt förhör av våra värderingar, våra prioriteringar och vår förmåga att återuppfinna. Löftet om automatisering var förföriskt – ett löfte om en strömlinjeformad, hypereffektiv tillvaro där mänskliga fel och ineffektivitet var reliker från det förflutna. Ändå, bakom det löftet låg en obestridlig sanning: varje vinst i produktivitet kompenserades av en förlust av personlig handling, varje dollar som sparades genom automatisering var ett liv som stördes.

Berättelsen om denna omvandling skrevs inte bara i företagens resultatrapporter eller statlig statistik, utan i otaliga individers upplevda erfarenheter. Det etsades in i den bleknade tapeten på en gång livliga fabriker, viskades i tyst desperation av omkompetensprogram och skrek i trotsiga protester från kreativa yrkesmän som kämpade för att behålla sin immateriella egendom. Och när berättelsen utvecklades blev det tydligt att förändringarna som AI och automatisering åstadkom inte bara var tekniska förändringar – de var sociala revolutioner som krävde en radikal omtanke om vad det innebar att bidra, skapa och leva ett meningsfullt liv.

För vissa erbjöd teknikens marsch en oväntad typ av befrielse - en chans att kasta ifrån sig föråldrade förväntningar och skapa helt nya identiteter. För andra var det en brutal påminnelse om att framsteg ofta kom på bekostnad av mänsklig koppling och personlig uppfyllelse . Mitt i detta storslagna experiment var den enda säkerheten behovet av att anpassa sig, att ifrågasätta och att obevekligt trycka tillbaka mot föreställningen att effektivitet var det ultimata måttet på värde.

När detta kapitel av förändring nådde sitt crescendo hade insatserna aldrig varit högre. Hela industrier omformades, och med dem skrevs de personliga berättelserna om miljoner om. Maskinernas obevekliga framfart var inte bara en fråga om ekonomi eller produktivitet; det var en djupgående utmaning för den mänskliga anden - en uppmaning till vapen för dem som vägrade att låta sina liv definieras enbart av resultatet av en algoritm.

I lugnare stunder, när ropet om digitala framsteg avtog, började individer ställa sig själva de svåra frågorna. Om våra identiteter hade varit så djupt sammanflätade med det arbete vi gjorde, hur skulle vi återuppbygga när det arbetet inte längre fanns där? Kunde vi hitta nya källor till mening i fritid, kreativitet eller gemenskap? Och i så fall, vilken form skulle dessa nya sysslor ta i ett samhälle som hade blivit så beroende av teknik?

Dessa frågor hade inga snygga svar. De dök upp ur kollisionen mellan teknik och mänsklighet - en kollision som var rörig, oförutsägbar och ibland direkt smärtsam. Men inför dessa osäkerheter fanns det också en motståndskraftig beslutsamhet att omdefiniera vad det innebar att leva ett fullt liv. Det var en beslutsamhet som vägrade att upphävas av maskinernas kalla logik, en beslutsamhet som omfattade ofullkomlighet och firade den oförutsägbara skönheten i mänsklig strävan .

När berättelsen slingrade sig genom styrelserum, fabriker och kreativa studior blev en sak klar: de pågående förändringarna var oåterkalleliga. Varje konversation om AI, varje rubrik om omstrukturering av företag, varje protest mot kommersifiering av konst var ett tecken på att vi alla var en del av en seismisk förändring - en som omformade inte bara industrier, utan själva strukturen i vår existens. Och medan vägen framåt var fylld av osäkerhet, var den också fylld av löftet om återuppfinnande. Det fanns en rå, opolerad potential som väntade på att låsas upp – en potential som bara kunde realiseras genom att omfamna det

röriga att vara människa i en tid som alltmer
uppskattade steril effektivitet.

I slutändan var berättelsen om automatisering och
arbetsförflyttning inte en av undergång och dysterhet.
Det var en berättelse om övergång, om förlust och
förnyelse, om ett samhälle som tvingades ombilda sina
värderingar och sina prioriteringar. Det var en berättelse
om kampen för att upprätthålla en känsla av syfte i en
tid då varje aspekt av våra liv upphävdes av krafter
utanför vår kontroll. Och när den digitala strömmen
fortsatte att strömma framåt lämnade den i dess spår en
fråga som skulle hemsöka varje styrelserum, varje
klassrum, varje middagsbord: om de uppgifter vi en
gång arbetade över nu var maskinernas domän, vad var
vi då egentligen här för?

Det fanns inga enkla svar - bara en långsamt växande
konsensus om att lösningen inte låg i att motstå
förändring, utan i att utnyttja den för att skapa en rikare,
mer nyanserad tapet av mänsklig erfarenhet. Det var en
uppmaning att ombilda utbildning, att vårda kreativitet i
alla dess former och att bygga samhällen som kunde

stödja varandra inför obevekliga tekniska framsteg. Det var en utmaning för varje individ, varje organisation, att se bortom den nedersta raden och hitta nya sätt att mäta framgång – sätt som värdesatte motståndskraft, empati och den okuvliga andan av mänsklig innovation.

När detta kapitel avslutas fortsätter således ekon av en förvandlad värld att eka. Maskinen är här, och den är effektiv – beräknad och orubblig. Men i mellanrummen mellan algoritmerna, i sprickorna av digital perfektion, finns det kvar en gnista av mänsklig ofullkomlighet. Och det är den där gnistan - rå, oförutsägbar och trotsigt verklig - som kanske ändå håller nyckeln till ett liv som levs på våra egna villkor. Berättelsen skrivs fortfarande, och medan teknologins marsch är oveklig, så är det också vår förmåga att omdefiniera vad arbete innebär, att återta våra identiteter och att skapa vägar som hedrar den röriga, vackra komplexiteten i att leva.

I slutändan är det vår att forma sagan. Det är en uppmaning att inse att även om maskiner kan ta över uppgifter, kan de inte ersätta det inneboende värdet av mänsklig koppling, kreativitet och passion. Utmaningen är alltså inte bara att överleva de kommande förändringarna, utan att ta tillfället i akt att skapa ett samhälle som värdesätter mänsklig uppfinningsrikedom över allt annat – ett samhälle där varje människa, oavsett teknikens skiftande tidvatten, kan hitta mening, syfte och en plats att kalla hem.

Och så, mitt i kakofonien av framsteg och nyktra statistik om uppsägningar och omstruktureringar, finns det ett tyst uppror - ett trotsigt insisterande på att vi är mer än våra jobb, mer än våra resultat, mer än summan av våra automatiserade delar. Det är en berättelse som fortfarande utspelar sig, en som kräver att vi ställer de svåra frågorna, omfamnar det okända och framför allt vågar tro att de bästa kapitlen i våra liv ännu inte har skrivits.

Impact Matrix of the AI Revolution

Education Sector
Local Businesses
Low-Skill Labor
Middle Management
Gig Workers
Manufacturing Workers
Service Industry Workers
Creative Professionals
Corporate Executives
Investors
AI Engineers
Tech Entrepreneurs

Skrattet av klappande tangentbord och det låga brummandet från serverfans har länge fungerat som soundtracket till vår moderna tillvaro, men dessa ljud börjar tona in i en ny kadens - en som präglas av maskinernas tysta effektivitet och algoritmernas obevekliga logik. Det fanns en tid då arbete inte bara var ett sätt att försörja sig, utan en degel av identitet och eget värde. Det stadiet omkonfigureras dramatiskt när digitala system och mekanisk arbetskraft tar sig in i varje sektor av handel och kreativitet. Idag, när en styrelsediskussion kretsar kring frågan om **Amazons** automatiserade lager kan överträffa mänsklig effektivitet eller om **Googles** datadrivna algoritmer kan fatta bättre strategiska beslut än någon erfaren chef, bevittnar vi en seismisk förändring i vår kollektiva förståelse av arbete och syfte.

Jag minns ett samtal med en före detta kollega – låt oss kalla honom Marcus – som en gång trivdes i den adrenalindrivna miljön av high finance. Marcus hade varit vördad för sin kusliga förmåga att läsa marknadsstämningar, hans instinkter finslipade av åratal av ekonomiska tidvatten. Ändå, när digitala handelsplattformar som drivs av avancerade algoritmer började dominera finanssektorn, fann Marcus sig själv att ifrågasätta inte bara sin karriär utan hans själva väsen. Han beskrev upplevelsen som att se en pålitlig vän sakta tona in i bakgrunden, ersatt av en ny sorts beslutsfattare vars omdöme beräknades i nanosekunder. Det handlade inte bara om kostnadsbesparingar eller effektivitet; det handlade om en grundläggande omordning av värde. När maskiner kan analysera terabyte av data och utföra affärer med mekanisk precision tycks det arbete som en gång symboliserade mänsklig uppfinningsrikedom försvinna och lämnar efter sig en rest av tvivel och oro.

I de tillverkningsnav där maskineriets klappar en gång blandades med rösterna från rutinerade arbetare, har nya former av robotarbete uppstått . På en vidsträckt anläggning som drivs av **Tesla** surrar inte längre ett löpande band av mänskliga arbetare utan av de stadiga, uppmätta rörelserna av robotarmar. Dessa maskiner, konstruerade med en nivå av sofistikering som skulle ha verkat som science fiction för bara en generation sedan, är kapabla att utföra uppgifter med en effektivitet som är både hisnande och för de flesta av oss skrämmande och skrämmande. För arbetare som en gång var stolta över sitt hantverk, representerar framväxten av automatisering inte bara en ekonomisk utmaning, utan en existentiell. Att förlora ett jobb är mer än ett ekonomiskt bakslag – det är ett slag mot identiteten och syftet som man minutiöst har byggt upp under år av hårt arbete.

Denna omvandling är inte begränsad till tillverkning eller finans. Automatiseringens obevekliga marsch genomsyrar alla aspekter av vårt samhälle. Inom så olika sektorer som sjukvård, juridiska tjänster och till och med kreativa industrier börjar maskiner inkräkta på domäner som en gång ansågs vara unika mänskliga. I de sterila, fluorescerande upplysta korridorerna i **IBM** :s forskningslabb fulländar ingenjörer artificiell intelligenssystem som kan diagnostisera sjukdomar med otrolig noggrannhet, och ofta överträffar sina mänskliga motsvarigheter i både hastighet och tillförlitlighet. Tvärs över gatan, hos **Microsoft** , testar ett annat team AI-algoritmer som kan utarbeta juridiska dokument på en bråkdel av den tid det skulle ta en erfaren advokat. Dessa innovationer hyllas för sin effektivitet och precision, men de tvingar oss också att möta ett djupt dilemma: om digitala system kan replikera eller till och med överträffa våra mest omhuldade mänskliga färdigheter, vilket utrymme finns då kvar för de egenskaper som länge har definierat oss?

I århundraden var arbete arenan där vi skapade våra identiteter, byggde samhällen och upptäckte mening mitt i den dagliga kampen. Arbetet var sammanflätat med vår mänsklighet, en oändlig källa till syfte som sträckte sig långt bortom lönechecken . Men nu, med varje nytt framsteg inom robotik och AI, ritas rollen som mänskligt arbete om med radikal djärvhet. En växande kör av röster - från akademiska ledare som **professor James O'Brien** till policyexperter i livliga lagstiftande kammare - varnar för en förestående era där det ekonomiska värdet av mänskligt arbete devalveras, reduceras till enbart en transaktion på en automatiserad marknadsplats. De hävdar att när huvuddelen av våra dagliga uppgifter utförs av maskiner måste vi ompröva det samhällskontrakt som länge har lovat värdighet genom bidrag.

Vissa ser dessa förändringar som en möjlighet att bryta sig loss från monotonin av repetitiva uppgifter och omfamna en renässans av mänsklig potential. Visionärer inspirerade av arvet från armaturer som **Einstein** , **Galileo** och **Leonardo da Vinci** har länge drömt om ett samhälle befriat från slit - ett samhälle där bördorna av rutinarbete ger vika för sysslor som berikar våra liv på oväntade sätt. De föreställer sig ett återuppvaknande av kreativitet och empati, där individer, befriade från det vardagliga arbetets bojor, kan ägna sig åt att utforska konsten, vetenskapen och tillvarons djupare mysterier. I detta utspelade drama är maskinen inte bara en motståndare som ska besegras utan ett verktyg som, när det används på ett klokt sätt, kan förstärka våra kreativa instinkter och hjälpa oss att nå tidigare okända höjder.

Ändå uppvägs löftet om befrielse av det mycket verkliga hotet om utbredd fördrivning. Över hela kontinenter brottas miljontals arbetare - allt från tekniskt kunniga yrkesmän till erfarna hantverkare - med teknikens obevekliga framsteg. Både i livliga stadskärnor och i lugna landsbygdsstäder spökar spöket av förlust av arbetstillfällen i vardagen. När automatiserade system gör många traditionella roller föråldrade, blir den ekonomiska och psykologiska belastningen på individer och samhällen alltmer uppenbar. Det är en sak att omfamna förändring när den erbjuder löften om nya början; det är en annan helt och hållet att konfrontera den hårda verkligheten med en snabbt krympande arbetsmarknad, där skyddsnäten som en gång gav ett sken av trygghet slits i kanterna.

Mitt i denna omvälvning har debatten om politik som universell basinkomst (UBI) flyttats från utkanten av intellektuell diskurs till centrum för den offentliga debatten. Förespråkare för UBI hävdar att eftersom AI och robotik tar på sig fler av de uppgifter som länge har definierat vårt dagliga arbete , måste samhället garantera en baslinje för ekonomisk säkerhet för alla sina medborgare. Idén är inte bara ett ekonomiskt skydd utan ett djupgående påstående om rättvisa - ett erkännande av att när arbetet som en gång gav livet mening automatiseras, måste det sociala kontraktet skrivas om för att hedra varje individs inneboende värde. Experiment på platser som **Finland** och pilotprojekt i **Kanada** har gett glimtar av hur en sådan politik kan fungera i praktiken, vilket ger både hopp och en nykter påminnelse om de utmaningar som ligger framför oss.

Även utbildningsinstitutioner är fångade i denna omvälvande våg. Läroplanerna som en gång prioriterade utanträning och standardiserade tester håller på att ses över till förmån för modeller som kämpar för kreativitet, kritiskt tänkande och etiskt

omdöme. I klassrum från **Harvard** till community
colleges i mindre resande regioner brottas utbildare
med nödvändigheten att förbereda eleverna för en era
då anpassningsförmåga inte bara är modeord, utan
viktiga överlevnadsfärdigheter. Takten i den tekniska
förändringen kräver att vi ständigt omarbetar oss själva,
omfamnar nya paradigm och omprövar själva
karaktären av våra bidrag till samhället.

Jag deltog en gång i en digital konstfestival nära
Lissabon - en levande sammansmältning av unga
talanger och erfarna proffs som samlades inte bara för
att visa upp sitt arbete, utan för att diskutera AI:s
inverkan på kreativiteten. Bland folkhopen fanns en pigg
speldesigner från **Portugal** , vars ögon brände av
ungdomens övertygelse. Han hävdade passionerat att
de råa, ofullkomliga penseldragen i en mänsklig hand
bär på en tyngd av levd erfarenhet som ingen algoritm
någonsin skulle kunna replikera. I närheten av en
konceptkonstnär från **Spanien** erbjöd en varning: medan
AI kunde påskynda produktionen och låsa upp nya
kreativa vyer, riskerade den att kommodifiera konsten,
beröva den från de subtila ofullkomligheterna som

genomsyrar den med själ. Deras debatter var inte abstrakta funderingar inskränkta till elfenbenstorn – de var brådskande, inre konversationer om mänskliga uttrycks överlevnad i kölvattnet av obeveklig automatisering.

Mitt i dessa passionerade diskussioner uppstod en berättelse som på en gång var både en klagomål och en uppmaning till vapen. Det fanns en påtaglig känsla av förlust bland dem som hade byggt sin identitet kring traditionella roller - lärare, mekaniker, revisorer och otaliga andra vars försörjning höll på att omkonfigureras av krafter som var både opersonliga och obönhörliga. Ändå, även när de gamla vissheterna upplöstes, började en ny känsla av möjlighet att slå rot. Mitt under uppsägningar och ekonomisk osäkerhet återuppfann individer sig själva med en motståndskraft som trotsade enkel förklaring. De anammade utmaningen att ständigt återuppfinna, omskola sig för karriärer som, även om de var oanade för bara ett decennium sedan, lovade ett mått av självständighet och uppfyllelse .

Att räkna med automatisering är inte enbart en ekonomisk eller teknologisk fråga - det är i sin kärna ett djupgående mänskligt drama. Vår identitet har länge varit sammanflätad med arbetshandlingen . Det är genom arbetet vi får kontakt med andra, bidrar till samhällets kollektiva tapet och skapar våra egna meningsberättelser. Eftersom de traditionella markörerna för arbete raderas av algoritmernas obönhörliga marsch, är vi tvungna att ställa oss några djupt personliga frågor. Om de roller som en gång definierade oss är automatiserade, vad återstår då av vår identitet? Hur kalibrerar vi om vår självkänsla när valutan för vår existens inte längre mäts i loggade timmar eller slutförda uppgifter?

I dessa reflekterande ögonblick övergår samtalet ofta till föreställningen om kreativitet - en egenskap som många insisterar på är unik mänsklig. Det spontana i en jazzmusikers improvisation, en målares suggestiva penseldrag eller den intrikata dansen hos en berättare som väver ett narrativ kan inte lätt fångas av kodrader. Det finns en rå, ofiltrerad känsla i skapandet som överskrider algoritmernas sterila logik. Även när AI-system tar fram digital konst med häpnadsväckande precision, missar de ofta de oöverskådliga bristerna som genomsyrar mänsklig kreativitet med sin tidlösa charm. I de heta debatterna kring digitala festivaler framförs argumentet att medan maskiner kan simulera teknik, kan de inte replikera de levda upplevelser och känslomässiga djup som bara en människa kan ta till duken.

Detta är inte en uppmaning att undvika framsteg eller att dra sig tillbaka till en nostalgisk längtan efter svunna tider. Snarare är det en inbjudan att omfamna revolutionen med vidöppna ögon, att utnyttja teknikens effektivitet utan att ge upp den själfulla kärnan av mänskligt uttryck. Samspelet mellan maskinprecision och mänsklig intuition utgör en utmaning som är lika spännande som skrämmande. Det tvingar oss att ombilda våra roller, inte som enbart kuggar i en stor automatiserad maskin, utan som dynamiska, kreativa varelser med förmågan att anpassa, förnya och inspirera.

De politiska debatterna som utspelar sig i lagstiftande salar över kontinenter lägger till ytterligare ett lager av komplexitet till denna berättelse. Regeringar och tankeledare undersöker omgående nya ramar som kan skydda de utsatta samtidigt som de främjar en miljö där innovation kan frodas. På platser som **Tyskland** och **Singapore** står diskussioner kring omskolningsprogram och reviderade arbetslagstiftningar i centrum , eftersom beslutsfattare brottas med det trängande behovet av att omdefiniera det sociala kontraktet i en tid av digital dominans. Dessa debatter är inte abstrakta; de drivs av skarpa realiteter - miljontals arbetare som står inför osäkerhet, samhällen som brottas med ekonomisk fördrivning och det brådskande kravet på åtgärder som garanterar värdighet och säkerhet för alla.

Begreppet universell basinkomst, som en gång förpassats till utkanten av politiska diskussioner, har fått genomslag som en pragmatisk lösning på de utmaningar som automatiseringen innebär. Förespråkarna hävdar att eftersom digitala system tar en allt större del av den ekonomiska produktiviteten, är det bara rättvist att vinsterna omfördelas på ett sätt som garanterar varje medborgare en baslinje för ekonomisk säkerhet. Försök i städer runt om i världen har gett en blandad påse av resultat, men den underliggande logiken är fortfarande övertygande: när maskiner tar på sig roller som traditionellt ockuperats av människor, måste samhället gå in för att skydda varje individs inneboende värde. Det här handlar inte bara om ekonomi; det är ett djupgående uttalande om rättvisa, ett som utmanar oss att omarbeta våra kollektiva prioriteringar på ett sätt som hedrar både framsteg och mänsklig värdighet.

Ändå kan politik ensam inte lösa de djupare, mer existentiella frågor som denna omvandling väcker. Bortom debatter i regeringskamrar och akademiska symposier ligger den invecklade tapeten av mänsklig erfarenhet, där samspelet mellan kreativitet, motståndskraft och personlig ambition utspelar sig på otaliga subtila sätt. I ett lugnt hörn av en livlig stad kan man se en pensionerad ingenjör som anmäler sig till kvällskurser för att lära sig ett nytt hantverk, eller en desillusionerad företagsledare som förvandlar en passion för musik till en livfull karriär som kompositör.

Dessa individuella berättelser om återuppfinnande är de tysta upproren mot ett system som försöker reducera mänskligt värde till enbart effektivitetsmått.

Det finns en inneboende ironi i framväxten av automatisering: just de krafter som hotar att erodera våra traditionella identitetskällor har också potentialen att låsa upp en stor reservoar av mänsklig potential. Löftet om befrielse från monotont arbete är lockande, men det bär med sig en komplex väv av utmaningar som kräver vår kollektiva visdom och beslutsamhet. När maskiner börjar axla mer av bördan, faller ansvaret på oss - på varje individ, varje samhälle och varje nation - att se till att denna övergång inte präglas av förtvivlan, utan av en djärv omformning av vad det innebär att bidra, att skapa och att få kontakt med varandra.

Jag har förstått att samspelet mellan teknik och mänsklighet inte är ett nollsummespel. Framväxten av AI-drivna system i **Googles** företagskorridorer , den automatiserade precisionen av produktionslinjer hos **Tesla** och de obevekliga databehandlingsmöjligheterna fungerar alla som skarpa påminnelser om att framstegen är obevekliga. Ändå, även när dessa innovationer omdefinierar effektivitet, belyser de också de unika styrkor som bara mänsklig erfarenhet kan erbjuda - vår förmåga till empati, vår instinkt för kreativitet och vår obevekliga drivkraft att skapa förbindelser som överskrider rena affärer och effektivitetsvinster och transaktioner för vinst.

Det är i denna känsliga balans mellan maskineffektivitet och mänsklig motståndskraft som vår största utmaning – och vår största möjlighet – ligger. Vi står i en tidpunkt där beslut som fattas av beslutsfattare, företagens investeringar och individers dagliga val tillsammans kommer att avgöra en ny berättelse. En där den numeriska precisionen hos algoritmer samexisterar med den otämjda, okvantifierbara andan av mänskligt uttryck. Varje innovation bär med sig löften om större effektivitet, men den medför också en risk - en risk som om den lämnas okontrollerad kan lämna efter sig en rest av besvikelse och frånkoppling.

När jag gick genom innovationens korridorer har jag observerat en påtaglig spänning på platser som

Microsofts vidsträckta campus, där team är dedikerade inte bara till att utveckla nästa genombrott inom AI utan också för att se till att det mänskliga elementet förblir integrerat i den kreativa processen. Konversationer i dessa utrymmen är ofta animerade av ett dubbelt syfte: att utnyttja teknik för oöverträffad effektivitet samtidigt som man ständigt bevakar de immateriella egenskaper som definierar mänsklig kreativitet. Det är en dialog som går tvärsöver discipliner - mellan ingenjörer och konstnärer, mellan beslutsfattare och gräsrotsaktivister - och en som understryker nödvändigheten att förnya sig utan att tappa vår grundläggande mänsklighet ur sikte.

Den kanske mest övertygande aspekten av denna pågående transformation är dess inneboende oförutsägbarhet. Ingen algoritm, oavsett hur avancerad den är, kan med säkerhet förutsäga de otaliga sätten på vilka människor kommer att reagera på förskjutningen av roller som länge har varit grunden för vår samhälleliga identitet. Och ändå, mitt i osäkerheten, finns det en anmärkningsvärd motståndskraft som alltid har definierat oss. Historien är full av exempel på samhällen som återuppfinner sig själva inför motgångar

- av individer som, när de konfronterades med kollapsen av en gammal ordning, fann styrkan inom sig att skapa något helt nytt. Idag påkallas samma motståndskraft, inte i en avlägsen epok utan i vår tids omedelbara, pulserande verklighet.

I en liten stad i **Mellanvästern i Amerika** träffade jag en grupp före detta fabriksarbetare som hade förlorat sina jobb till en nyinstallerad automatiserad produktionslinje. Istället för att ge efter för förtvivlan kanaliserade de sin samlade erfarenhet till att starta ett kooperativ som specialiserade sig på skräddarsydda, handgjorda varor. Deras resa var inte utan svårigheter, och vägen var fylld av stunder av tvivel, men till slut upptäckte de ett sätt att förena traditionellt hantverk med modern entreprenörsanda. Deras berättelse är emblematisk för en bredare trend - en påminnelse om att när en dörr stängs kan en annan öppnas, vilket inbjuder oss att omdefiniera våra roller och återupptäcka våra passioner på oväntade sätt.

Ändå är berättelsen inte enhetligt en triumf. Den störande strömmen av automatisering har lämnat i sitt spår otaliga historier om kamp och förflyttning. Över kontinenter brottas hela samhällen med den djupa desorientering som följer med förlusten av långvariga försörjningsmöjligheter. I industridistrikt som en gång pulserade av mänskligt arbete , fungerar den tysta precisionen hos robotar nu som en ständig påminnelse om ett förflutet som verkar både avlägset och ouppnåeligt. För dem som befinner sig på fel sida av denna transformation, är utmaningen inte bara att anpassa sig, utan att ombilda en personlig identitet som länge hade definierats av roller som nu blivit föråldrade av teknologin.

Frågorna som uppstår i dessa ögonblick är lika djupa som de är personliga. När klockan inte längre tickar i tid för mänsklig ansträngning, när varje uppgift kan utföras av en rad ettor och nollor, hur omdefinierar vi framgång, uppfyllelse och värdighet? Det är en debatt som berör själva strukturen i vår existens, en som tvingar oss att konfrontera obekväma sanningar om förhållandet mellan teknologi och identitet. Och även om det inte finns något enkelt svar, är själva konversationen ett nödvändigt steg mot att skapa en ny berättelse - en som värderar mänsklig uppfinningsrikedom och känslomässig rikedom över enbart mekanisk produktion.

När jag reflekterar över dessa omvandlingar slås jag av den parallella utveckling som sker inom området för politik och samhälleliga normer. Lagstiftande församlingar i så olika länder som **Frankrike** och **Japan** är engagerade i livliga debatter om hur man bäst kan mildra de mänskliga kostnaderna för automatisering. Förslagen sträcker sig från omfattande omskolningsprogram till mer radikala åtgärder, såsom omstrukturerad skattepolitik som syftar till att omfördela de ekonomiska vinsterna med digital produktivitet. Dessa politiska diskussioner är inte bara akademiska övningar - de är planen för de kommande decennierna, ett bevis på insikten om att tekniska framsteg måste matchas av ett lika kraftfullt engagemang för social välfärd.

Mitt i all turbulens och osäkerhet är en sak fortfarande obestridlig: den mänskliga förmågan att anpassa sig, att återuppfinna och hitta mening även när de paradigm vi en gång tog för givna upphävs av krafter utanför vår kontroll. Samspelet mellan digital innovation och mänsklig motståndskraft utspelar sig inte i isolerade styrelserum eller forskningslabb, utan i hjärtan och sinnen hos miljoner som är fast beslutna att omdefiniera sina roller i ett snabbt föränderligt landskap. Det är en berättelse om förlust, ja, men också en om oöverträffade möjligheter - ett bevis på vår varaktiga förmåga att skapa nischer av skönhet, kreativitet och anslutning även mitt i obeveklig förändring.

I dessa transformativa tider är berättelsen om automatisering inte en monolog som dikteras enbart av teknikens kalla precision; det är en symfoni som består av oräkneliga röster - röster från arbetare, entreprenörer, konstnärer och beslutsfattare - alla bidrar med sina unika melodier till ett utspelande partitur. Och även om instrumenten kan vara olika - vissa mekaniska, andra djupt mänskliga - skrivs den övergripande kompositionen i realtid, med varje ton som en återspegling av vår kollektiva resa mot en omarbetad känsla av syfte.

När jag skriver dessa reflektioner är jag tvungen att överväga det arv vi kommer att lämna efter oss. Kommer det att bli en berättelse om besvikelse, en uppteckning över hur tekniken tog bort de mänskliga element som en gång definierade oss? Eller kommer det att vara en krönika om motståndskraft – ett bevis på vår förmåga att utnyttja innovationsverktygen samtidigt som vi ständigt bevarar den kreativa andan som animerar våra liv? Svaret, som det ofta är, ligger någonstans i samspelet mellan dessa två krafter – en delikat dans mellan löftet om effektivitet och den oåterkalleliga sanningen om vårt mänskliga tillstånd.

Under innovationens milda glöd växer ett förnyat narrativ fram - ett narrativ där mänsklig kreativitet och digital precision går samman för att lyfta liv. Insikterna från **Michio Kaku** i *Quantum Supremacy* och **Kai-Fu Lee** i *AI 2041* påminner oss om att teknologin förvandlar våra rutiner genom att förstärka andan av uppfinningsrikedom och empati.

På sjukhus och vårdcentraler kommer avancerad humanoid robotik snart att hjälpa till med uppgifter som kräver både precision och medkänsla som att lyfta en äldre person från säng till rullstol, lätta in dem i en bil och slutligen föra över dem på ett säkert sätt till en sjukhussäng. Sådan koreografi lindrar inte bara den enorma fysiska och känslomässiga belastningen på familjemedlemmar utan bevarar också varje individs värdighet.

Samtidigt utökar dessa innovationer sin räckvidd till hem där familjer tar hand om handikappade nära och kära. I dessa miljöer kan intelligenta sällskapsrobotar hjälpa till med vardagliga sysslor - från att underlätta rörlighet till att ge assistans med personlig vård - vilket gör att familjer kan dela sin tid mellan att ta hand om och vårda djupare, mer meningsfulla kontakter. Integreringen av AI i dessa intima miljöer kommer att förvandla vården till en mer hållbar, medkännande praktik som lättar bördorna för dem som annars skulle kunna kämpa ensamma.

Inom utbildning kommer AI-drivna system att börja ombilda hur lärande sker. De kan skapa personliga läroplaner som anpassar sig till varje elevs takt och stil, väcker nyfikenhet och främjar kritiskt tänkande på sätt som traditionella metoder sällan uppnår, så varje klassrum blir ett mikrokosmos av innovation, där skräddarsydda inlärningsupplevelser ger varje barn möjlighet att blomstra i ett ständigt föränderligt landskap.

Även miljövård gynnas av denna våg av tekniska framsteg. Autonoma maskiner kommer att korsa våra stadsgator, noggrant samla in skräp och sortera återvinningsbart material - även hantera potentiellt giftiga ämnen med oöverträffad precision. Dessa robotar kommer att ta på sig roller som många skulle tycka är för svåra eller farliga, och förvandla avfallshantering till en ledstjärna för hållbarhet och framsteg.

När katastrofer inträffar blottläggs den livräddande potentialen i dessa framsteg. Autonoma sök- och räddningssystem kan enkelt navigera i förrädiska terränger och farliga miljöer med orubblig noggrannhet, lokalisera överlevande och leverera kritisk hjälp där mänskliga ansträngningar kan vackla. Deras snabba, beräknade svar under kaotiska förhållanden understryker den djupa effekten av att harmonisera teknik med mänsklig motståndskraft.

Mitt i dessa omvandlingar lägger global demografi till ett nytt lager av brådska till vår berättelse. Enligt **FN** beräknas antalet personer som är 60 år och äldre nästan fördubblas från cirka 1 miljard år 2020 till över 2,1 miljarder år 2050. Denna häpnadsväckande statistik speglar inte bara samhällenas åldrande över hela världen utan också den enorma potentialen för AI och robotik att revolutionera äldreomsorgen. Med sådana siffror på uppgång blir intelligenta system som hjälper till med rörlighet, dagligt liv och hälsovård oumbärliga allierade för att upprätthålla livskvalitet.

När jag reflekterar över dessa möjligheter finner jag en personlig resonans. Eftersom jag personligen inte har barn, förväntar jag mig att under de kommande åren, när min fru och jag blir äldre, kommer en AI-driven robot att vara avgörande för vår omsorg och oberoende. Denna vision är inte född ur dystopisk rädsla utan från ett hoppfullt erkännande av att teknik kan vara en partner för att vårda vårt välbefinnande - en partner som stödjer, stärker och i slutändan berikar vår gemensamma resa in i livet senare.

Varje noggrant orkestrerad handling av robothjälp och varje skräddarsydd utbildningsupplevelse vittnar om vår gränslösa förmåga att återuppfinna. Det här är inte en berättelse om teknik som ersätter mänskligheten, utan om samarbete – där digital innovation förstärker det bästa av mänsklig kreativitet, medkänsla och motståndskraft. I samspelet mellan framsteg och empati hittar vi inte bara lösningar på våra mest angelägna utmaningar, utan en förnyad hyllning till vad det innebär att ta hand om varandra.

Epilog: Låt AI:n arbeta för dig och ta hand om dig så att den bryr sig.

Det finns en speciell magi att vakna upp när dagens första ljus inte markeras av ett bultande larm eller skarp dörrklocka utan av mild förprogrammerad musik. Under gryningen, när dina ögon fladdrar upp, möts du inte av ett gällt surr utan av en mosaik av mjuka omgivningsljud. Den vanliga ritualen att dra sig ur sängen har ersatts av den lugnande lockelsen av en maskin som för länge sedan har vuxit ur sin roll som bara en pryl. Kaffebryggaren, nu beväpnad med algoritmer som analyserar dina sömncykler och personliga smakprofiler, tillkännager glatt: "God morgon, människa. Jag har uppfunnit en ny brygd åt dig och idag håller AI på att arrangera om spelboken." Det är en hälsning som känns både nervös och konstigt befriande - en påminnelse om att landskapet i våra dagliga liv har ritats om av kretsar och mjukvara.

I decennier har teknikens utveckling mätts genom krympningen av skrymmande datorer till enheter som passar perfekt i fickan. Men det här handlar inte bara om miniatyrisering eller hastighet. Det handlar om ett seismiskt skifte i vem - eller snarare vad - som kallar skotten på de platser vi en gång trodde definierade av mänskligt slit. Föreställ dig det här: medan du sov, förhandlade AI-agenter för digital programvara för osynliga affärer, effektiviserade verksamheten, ersatte servicejobb och utmanövrerade erfarna chefer med en nonchalans som lämnar lite utrymme för nostalgi.

De flesta av er kommer ihåg en tid då rytmen i en arbetsdag präglades av klaviaturen från klaviaturen, sorlet från samtal i fullsatta salar och enstaka klirr av en kaffekopp. Idag har landskapet stöpts om till en vidsträckt arena av osynliga dueller som utkämpas av algoritmer, där mänskligt ingripande reduceras till rollen som övervakare - alltid vaksam, men ändå så fristående från aktivitetens råa puls. Och ändå, även mitt i ökningen av mekanisk effektivitet, finns det en gnista av möjlighet som tyder på att våra mänskliga egenheter fortfarande kan erbjuda något oersättligt.

En liten del av min resa tog mig till **New York** när jag en gång var en ung målvakt, som rusade genom den frenetiska pulsen av urban ambition. Att arbeta sent och nätter på det åldrande hotellet Algonquin (nåja 100 år anses vara en lång tid i amerikansk historia, förlåt var tvungen att lägga in det där) - dess väggar genomsyrade av årtionden av viskade affärer och oändliga ambitioner - fungerade som min inkubator för idéer som trotsade det vanliga. I det föråldrade etablissemanget mumlade varje hörn hemligheter från tidigare epoker samtidigt som de antydde det elektriska löftet om vad som väntade. Det handlade inte bara om att säkra en affär för **Siegel+Gale** , varumärkesstrategi- och designföretaget jag arbetade på som försökte få **Toyotas** globala kund som kund; det handlade om att vara en del av en transformation som suddade ut gränsen mellan mänskligt grus och mekaniserad precision.

Shanghais skyline , en stad som trotsar gravitationen med sina bländande höghus och labyrintiska gatunät. Min tid som Internetutvecklingschef för **Marcus Evans** fördjupade mig i en plats där teknik och tradition kolliderade med svindlande intensitet.

Stadsutbredningen var en ständigt föränderlig duk - ett virrvarr av vägar staplade som lagren av en abstrakt målning, avbruten av ett hotell vars parkeringsstruktur steg förbi 50:e våningen. Mitt i brumet av framsteg och den kaotiska symfonin av neon och betong, lärde jag mig att innovation är lika oförutsägbart som spännande.

Snabbspola fram till idag. Rubrikerna som blinkar över din telefonskärm är lika sensationella som de är oroande: " **AI Revolution** Upends Work as We Know It: Humans Deemed Optional." För ett ögonblick är det lätt att känna sig som om du har snubblat in i en dystopisk berättelse. Men om du tar ett andetag och lutar dig in i det absurda, börjar du inse att detta inte bara är en varning om föräldrad. Det är en inbjudan - en utmaning att återuppfinna hur vi tänker kring produktivitet, kreativitet och vårt eget inneboende värde.

Då och då får du en glimt av banbrytande forskning som omdefinierar vad det innebär att vara kreativ. På **MIT:s Media Lab** , till exempel, är visionärer inte bara skriptscenarier där maskiner tar över; de är medförfattare till ett kapitel där **AI** förstärker människans fantasi. I de livliga korridorerna på **Stanfords d.school** är livliga verkstäder en grodd för radikala idéer. Studenter, som inte är rädda för att avveckla konventionella gränser, behandlar tekniken inte som en motståndare utan som en samarbetspartner i den obevekliga strävan efter innovation. Dessa ansträngningar är inga fantasier – de är förankrade i hård vetenskap och de outtröttliga ansträngningarna från forskare som är fast beslutna att utnyttja **AI** som en allierad.

Även när spänningen ökar, ekar en not av försiktighet genom globala policyforum. Vid sammankomster som anordnas av **Europeiska kommissionen** och under sammankomster som **FN:s toppmöte om digital ekonomi** rasar debatter om behovet av robusta ramverk som kan hålla **AI** ansvarig. Jag minns intensiteten i diskussionerna vid **2023 års Global AI Ethics Conference i Singapore**, där juridiska armaturer från **Harvard Law**, **Oxford**, och representanter från **Europeiska kommissionen** passionerat drivit på vad vissa kallade en "**AI Accountability Act**." Deras kollektiva brådska var en skarp påminnelse om att okontrollerad innovation kan löpa risken att nysta upp den sociala strukturen om de lämnas åt vinstdrivna sinnens nycker.

Även figurer som är synonyma med teknisk fräckhet, som **Elon Musk** , har kastat ut provokativa utmaningar för våra kollektiva antaganden. Med en blandning av snett humor och omisskännligt allvar, har han föreslagit att om robotar tar på sig varje vardaglig uppgift, kan samhället snart tvingas att dela ut grundläggande nödvändigheter som en fråga om överlevnad. Och så finns det **Andrew Yang** , vars passionerade försvar av en "frihetsutdelning" är mer än bara ett ekonomiskt förslag - det är ett rop för att ompröva hur bytet av framsteg delas mellan oss.

När du navigerar din dag kan du fundera på om automatiseringens obevekliga takt lämnar något utrymme för den distinkt mänskliga. Tänk på förvandlingen på **Amazon** , detaljhandelstitan som en gång definierade modern handel med sin innovativa iver. Deras lagerhus liknar nu noggrant koreograferade symfonier av mekanisering - stora salar där robotar glider med nästan perfektion, utför uppgifter med en hastighet och precision som förvisar mänskliga arbetare till rollen som monitorer. Ändå har förlusten av dessa en gång avgörande händer väckt en obestridlig dialog om det verkliga mått på framsteg. Effektiviteten kan råda högst i dessa metallkorridorer, men det är vår oförutsägbara, ibland kaotiska kreativitet som gjuter liv i alla processer.

Effekterna av dessa förändringar är inte begränsade till styrelserum eller politiska toppmöten - det genomsyrar alla aspekter av samhället. I Tokyos livliga stadsdelar mötte jag en gång en äldre entreprenör vars livsverk hade gått i arv genom generationer . Han satt på ett blygsamt kafé och smuttade på sin matcha latte med det avsiktliga lugnet från någon som hade sett årtionden av förvandling. När jag frågade honom om implikationerna av AI och automatisering på hans familjs företag, svarade han med ett mätt leende: "Teknik är en obeveklig ström – den kan föra dig framåt eller skölja bort dig. Valet är ditt." Hans ord slog mig som både en varning och ett löfte, och kapslade in en verklighet där

de verktyg vi skapar kräver ett partnerskap, inte
underkastelse.

I **London** utvecklades mina dagar ofta i en blandning av
höginsatsmöten i styrelserummet och stunder av ensam
reflektion på regndränkta gator. Där, mitt i ropet från en
metropol som aldrig riktigt vilar, upptäckte jag att
ambition inte bara definieras av de uppgifter du slutför,
utan av passionen du investerar i varje ögonblick. Även
när min karriär växte genom en blandning av arbete på
digitala byråer och projektledning av mina egna företag,
lärde jag mig att det verkliga värdet av vårt arbete inte
mäts i enbart produktion – det är den intrikata väven av
mänskliga känslor, spontanitet och viljan att omfamna
ofullkomlighet.

Så vi måste fortsätta att komma tillbaka till detta
dilemma: om **AI-** system kan bearbeta data i hisnande
hastigheter och utföra uppgifter med klinisk precision,
var lämnar det vår unika mänskliga förmåga till empati
och kreativitet? Denna fråga kommer snart att präglas
av en påtaglig känsla av brådska - ett erkännande av att

vi står vid ett vägskäl och står inför det dubbla löftet och risken med obeveklig innovation.

När den digitala sfären utökar sitt grepp om varje aspekt av tillvaron är det omöjligt att ignorera den häpnadsväckande omvandlingen inom konsten. För inte så länge sedan krävde att skapa ett mästerverk år av mödosamt arbete , otaliga revideringar och en nästan tvångsmässig strävan efter perfektion. Idag kan en algoritm generera intrikata kompositioner, suggestiva målningar eller till och med vers på några sekunder. Kontrasten är skrämmande: medan AI kan efterlikna teknik och stil, saknar den den oförutsägbara gnistan av mänsklig ofullkomlighet. De subtila nyanserna - det spontana skrattet under ett kreativt genombrott eller den oplanerade fläcken på en duk som på något sätt lyfter hela verket - är reliker av en mänsklig process som ingen maskin kan replikera.

Det finns en obestridlig paradox eftersom automatisering lovar att befria oss från monotonin med repetitiva uppgifter, vilket gör att vi kan utforska fantasins och anslutningens okända territorier. Föreställ dig ett scenario där din dag inte konsumeras av slit utan istället är tillägnad utforskning av konst, filosofi eller innovativa projekt som speglar dina djupaste ambitioner. Det är en möjlighet förankrad i vår tids praktiska landvinningar: när robotar hanterar de mödosamma detaljerna i produktionen har du chansen att bli kurator för ditt eget öde. När jag stänger den här boken kanske du tror att jag upprepar mig själv lite i de sista styckena men faktiskt försöker jag verkligen ta in de viktiga bitarna att komma ihåg så att du inte går vilse. Tro mig, jag förstår, det här är häftigt!

Naturligtvis är samspelet mellan människa och maskin inte utan dess spänningar. Även när nya möjligheter dyker upp, finns det skarpa påminnelser om att teknikens marsch har lämnat många bakom sig. På vissa håll samlas samhällen för att bilda gräsrotsnätverk som påminner om solidariteten under historiska nedgångar. Lokala kooperativ, forum för delning av kunskaper online och stadsdelskollektiv växer fram som praktiska svar på störningarna av automatisering. Dessa grupper är inte bara reaktiva; de utvecklar aktivt sätt att säkerställa att innovationerna som driver oss framåt distribueras med rättvisa och omsorg.

Utmaningarna sträcker sig bortom ekonomin till förvaltningens område. På alla kontinenter brottas beslutsfattare med konsekvenserna av snabba tekniska förändringar. I lagstiftande salar och internationella toppmöten utarbetas förslag för att tygla överdrifterna av AI och för att säkerställa att automatisering inte fördjupar ojämlikheten. Till exempel har pilotprojekt i regioner som **Finland** och **Stockton, Kalifornien,** testat modeller som kombinerar skyddsnät med proaktiva omskolningsprogram. Även om dessa initiativ är begynnande, understryker de en kritisk sanning: anpassning är inte valfritt, och utformningen av våra samhällsstrukturer måste utvecklas i takt med vår tekniska förmåga.

Men mitt i dessa storslagna debatter återstår en personlig kamp - en strävan att förena innovationshastigheten med det tidlösa behovet av mening. Jag har funnit mig själv, vid mer än ett tillfälle, dra mig tillbaka till naturens tysta tröst, i den karga vidden av en bergsstig, långt borta från det obevekliga skenet av skärmar, mött en tystnad som var lika djup som den var lärorik. Omgiven av prasslet av löv och vilda varelsers avlägsna rop, funderade jag på den känsliga balansen mellan maskinernas opersonliga precision och människolivets röriga, oförutsägbara skönhet. Det var i dessa ögonblick som jag insåg vår arts yttersta styrka: vår förmåga att skapa mening ur kaos, att utvinna poesi ur det vardagliga.

Samspelet mellan ljus och skugga, mellan ordning och spontanitet, speglar själva konflikten i vår tids hjärta. Automatisering, trots allt dess löfte om obeveklig effektivitet, kan aldrig ersätta de otroliga möten och råa känslor som definierar människans existens. I händerna på en skicklig skapare kan ett misstag bli ett mästerverk; en omväg kan avslöja en dold pärla. Och så, när våra enheter blir allt mer kapabla, är utmaningen för oss att inte nödvändigtvis göra motstånd utan också att integrera - att blanda kretsarnas kalla logik med värmen från mänsklig spontanitet.

Det är frestande att föreställa sig ett scenario där varje uppgift outsourcas till en algoritm och varje beslut görs av en beräkning. Men om det skulle hända skulle det vara ett djupt missförstånd av vad som driver oss. Vår kreativitet, vår förmåga att känna, att känna empati, att skratta och gråta över livets minsta absurditeter - det är inte bara fel i systemet, utan själva essensen av vårt väsen. I ekot av varje digital notifiering finns det en kontrapunkt: en väns samtal, skrattsalvor som delas på ett fullsatt kafé, den tysta viljan att bygga något unikt mänskligt.

Det finns ett ansvar som faller på oss alla – entreprenörer, konstnärer, tänkare – att återta berättelsen om vår existens. Det är vår skyldighet att se till att den obevekliga strävan efter effektivitet inte överröstar människolivets livfulla kadens. När AI förhandlar om affärer och robotar utför uppgifter med mekanisk precision, måste vår roll flyttas från arbetarens till visionärens. Vi måste kanalisera vår energi till det som ingen maskin kan replikera: den röriga, briljanta tapeten av mänskliga idéer, passioner och förbindelser.

Detta är inte en uppmaning att förkasta teknik. Snarare är det en inbjudan att omdefiniera relationen vi delar med den. Ja, det finns några enorma nya problem men det skapar också möjligheter där vi måste tänka på lösningar för att lösa dessa problem. Istället för att överlämna vår kreativitet till automatiseringens kalla logik kan vi använda dessa framsteg som byggnadsställningar för nya satsningar som hyllar individualitet och kollektiv kreativitet. I hem, studior och kontor över hela världen arbetar forskare och innovatörer med projekt som blandar datavetenskap med konst, filosofi och etik. Deras arbete är ett bevis på det faktum att de verktyg vi skapar kan lyfta våra naturliga talanger, förutsatt att vi använder dem med avsikt och omsorg.

Tokyos neondränkta gator . I ett lugnt hörn av ett litet kafé med varje miniatyrpryl packad i ett rum som inte såg större ut än en queen size-säng, delade jag ett samtal med lite äldre men väldigt hippa herrar som hade ägnat sitt liv åt ett familjeföretag – ett arv som hade klarat årtionden av förändringar. När jag tog upp ämnet

AI och dess intrång i traditionella industrier var hans svar enkelt men djupgående. "Teknik," funderade han, "är som en flod - ibland sköljer den bort det gamla, men det skapar också nya vägar." Hans ord har dröjt kvar hos mig som en påminnelse om att varje störning bär inom sig frön till förvandling.

Detta samspel mellan innovation och tradition fångas kanske bäst i utvecklingen av kreativa uttryck. Tidigare var arbetet med att producera konst synonymt med kamp - en ensam strävan mot perfektionens tyranni. Idag möjliggör dock digitala verktyg snabbt skapande, vilket utmanar våra definitioner av originalitet. En algoritm kan komponera en symfoni eller måla ett suggestivt porträtt på några sekunder, men den immateriella själen som blåser liv i konsten förblir i sig mänsklig. Det är den lätta darrningen av osäkerhet, den nyckfulla avvikelsen från normen, som genomsyrar konsten med dess outsägliga charm.

I våra vardagliga liv är dessa storslagna berättelser sammanvävda med personliga berättelser om återuppfinnande. Jag har sett kollegor återuppfinna sig själva, avskaffa gamla roller för att omfamna ansträngningar som blandar teknik med kreativitet. Oavsett om det är individen som bytte ett konventionellt skrivbordsjobb mot en position som digital nomad, eller artisten som använder kod som ett nytt penseldrag i sin kreativa repertoar, så håller en tyst revolution på att ta form – en som hyllar skönheten i anpassningsförmåga och modet att kartlägga sin egen kurs.

Tänk på de livliga lagren som förvaltas av **Amazon** . Det som en gång var en bikupa av mänskligt arbete har gradvis utvecklats till ett rike där robotarmar glider genom gångarna och utför uppgifter med kalkylerad precision. Ändå, mitt i denna förvandling, förblir den mänskliga övervakaren oumbärlig - inte för arbetet som kan automatiseras, utan för den empati, tillsyn och nyanserade omdöme som ingen maskin helt kan replikera. Det är ett bevis på det faktum att även när vår omgivning förvandlas till minutiöst programmerade miljöer, är den mänskliga beröringen oersättlig.

Det finns en obestridlig ironi i vår moderna situation. Själva innovationerna utformade för att befria oss från slit har på många sätt omdefinierat vad det innebär att arbeta. Arbetet med repetitiva uppgifter förskjuts av behovet av att kontinuerligt anpassa sig, lära sig och omdefiniera personligt syfte. När AI- systemen blir mer sofistikerade, skiftar tyngdpunkten från manuellt arbete till intellektuella och kreativa sysselsättningar - områden där spontanitet och passion kan frodas obehindrat av de stela begränsningarna av föråldrade processer.

Denna förvandling är inte utan växtvärk. Samhällsstrukturer, rättsliga ramar och till och med våra kulturella berättelser är i förändring när de kämpar för att hålla jämna steg med en obeveklig ström av innovation. Lagstiftande salar från **Washington** till **Bryssel** vimlar av debatter om hur man ska balansera löftena om AI med skyddsåtgärder som skyddar vanliga människors värdighet och försörjning. Experimentella program, som de som testats i **Finland** och **Kalifornien** , utforskar modeller som kombinerar omskolningsinitiativ med förbättrat socialt stöd. Dessa åtgärder, även om de är begynnande, har sina rötter i den skarpa insikten att framsteg måste dämpas av ansvar.

Och ändå, mitt i denna pågående omkalibrering, finns det utrymme för en respektlös optimism. Vår tids berättelse handlar inte bara om förlust eller föråldrad. Det är en berättelse om radikal återuppfinning – ett bevis på det faktum att även de mest djupgående störningar kan ge upphov till oväntade möjligheter. Konvergensen av mänsklig kreativitet med maskinprecision skapar ett landskap där arbetets gamla gränser upplöses, vilket ger plats för satsningar som definieras av passion snarare än rutin.

Föreställ dig en dag då din kalender inte dikteras av möten mot varandra och monotona uppgifter utan istället präglas av utbrott av kreativitet och genuin koppling. I det här scenariot blir den obevekliga pulsen av digitala meddelanden bakgrunden till en tillvaro där varje ögonblick är en inbjudan att utforska, att ifrågasätta och att skapa. Tekniken som en gång hotade att ersätta oss ger oss nu friheten att tänka om vad livet kan vara. Det är en förvandling som är både upphetsande och ödmjukande - en uppmaning att förvandla vad som kan ha setts som en kris till en möjlighet för återuppfinning.

Denna omformning av arbetet tar redan form på oväntade håll. I livliga tekniska hubbar och innovativa coworking-utrymmen över hela världen samlas individer från olika bakgrunder för att experimentera med nya sätt att leva och skapa. De anpassar sig inte bara till ett system där algoritmer dikterar effektivitet; de designar aktivt ett ramverk som hedrar det mänskliga tänkandets spontana briljans. Utmaningen är alltså att skapa en dynamisk balans mellan den obevekliga beräkningshastigheten och den omöjliga rikedomen i mänsklig erfarenhet.

I sin kärna är berättelsen om vår tid en uppmaning till handling. Det är en påminnelse om att även om maskinerna kan bearbeta data, förhandla om affärer och hantera lager med övermänsklig effektivitet, så är de inte kapabla att fånga det röriga, härliga djupet av mänsklig existens. Våra styrkor ligger inte i vår förmåga att härma perfektion, utan i vår förmåga att förnya mitt i kaos, att finna mening i det oförutsägbara och att skapa skönhet ur resterna av störda rutiner.

Så när du blundar i slutet av en okonventionell dag, när servrarnas mjuka brum och det avlägsna flimmer av digitala signaler invaggar dig till ett reflekterande lugn, ta en stund att tänka på det anmärkningsvärda samspelet mellan framsteg och passion. Den obevekliga framväxten av automatisering är inte en dom över slutet av mänskliga strävanden - det är en inbjudan att omforma vår kollektiva berättelse. Maskinerna kan hantera de uppgifter vi en gång tyckte var tröttsamma, men de kan aldrig replikera den råa känslan och oförutsägbara geni som bara ett mänskligt hjärta kan ge.

Det finns en gripande ironi i hur tekniken har utvecklats för att hantera varje detalj i vårt dagliga liv. När AI förhandlar affärer, optimerar försörjningskedjor och till och med utarbetar PM med effektiviteten hos en erfaren chef, hittas det verkliga måttet på framsteg i de ögonblick som trotsar beräkningar - ett spontant samtal med en främling på ett trångt tåg, en midnattspromenad under ett tak av stjärnor, ett skratt som delas över ett missöde. Det här är ögonblicken som påminner oss om att ingen automatisering någonsin kan ersätta livets oförutsägbara rytm.

Denna epilog är inte bara ett farväl till en era av obevekligt arbete; det är ett manifest för återuppfinnande. Det är en vädjan att återta vår kreativa anda, att förkasta föreställningen att effektivitet måste komma på bekostnad av individualitet. Det utmanar var och en av oss att engagera oss i teknologin som en partner i vår strävan efter mening, snarare än som ett substitut för den mänskliga upplevelsen. Den revolution som utspelar sig i våra dagliga liv handlar lika mycket om att omdefiniera våra värderingar som om att ta till sig nya verktyg.

När du kliver bort från din skärms glöd och in i tillvarons verkliga kadens, kom ihåg att varje algoritm, varje digitalt beslut och varje automatiserad uppgift är ett verktyg - ett verktyg som, när det används med avsikt, kan befria oss från monotonins bojor. Det är en påminnelse om att även om maskiner kan konstruera byggnadsställningarna för modernt företagande, är det den okuvliga andan av mänsklig uppfinningsrikedom som alltid kommer att tillhandahålla själen i skapelsen.

Låt detta vara en uppmaning till vapen för varje kreativ själ, varje rastlös sinne och varje individ som är fast besluten att finna mening bortom de beräknade måtten för produktivitet. Den digitala revolutionen är ett landskap av kontraster – av precision och oförutsägbarhet, av logik och passion. Mitt i denna skiftande dynamik finns den bestående sanningen kvar: vår kreativitet, vår förmåga att känna djupt och vår förmåga till spontan anslutning är krafter som ingen maskin någonsin kan simulera.

Så, när dagens digitala refräng ger vika för nattens tysta intimitet, och när ekot av robotbrun dröjer kvar i bakgrunden av dina tankar, gå framåt med en förnyad känsla av syfte. Bygg din dag inte kring en klockas obevekliga tick utan kring de spontana, oförutsägbara gnistor av inspiration som uppstår när du minst anar dem. Låt dina handlingar styras av en önskan att ge varje ögonblick mening, att utnyttja teknologin som en allierad i din kreativa resa och att djärvt deklarera att trots framväxten av AI och automatisering förblir den mänskliga anden oövervinnerlig.

I slutändan, medan våra skärmar kan lysa upp våra morgnar och våra digitala motsvarigheter kan förhandla fram handelsvillkoren med osviklig effektivitet, är kärnan i vår existens skriven inte i kod utan i passionen för våra strävanden. Det är blandningen av data och djärvhet, av kretsar och känslor, som bildar vår tids berättelse. Och det är den där berättelsen – rå, ofiltrerad och oändligt oförutsägbar – som vi måste fortsätta att skriva med varje hjärtslag, varje felsteg och varje ögonblick av glädje.

Omfamna det här kapitlet med alla dess motsägelser - ett landskap där den mekaniska precisionen hos AI samexisterar med den röriga, livfulla prakten av mänsklig strävan . Utmana dig själv att skapa arbete som överskrider rutin, att bygga gemenskaper som hyllar det oväntade och att vårda gnistan av individualitet som ingen algoritm kan kvantifiera. Låt varje dag vara ett bevis på kraften i den mänskliga anden - en kraft som förblir orubblig inför obevekliga tekniska framsteg.

Gå in i morgondagen med vissheten om att även om maskiner kan hantera detaljerna, kan de aldrig fånga den outsägliga magin hos en mänsklig själ som är engagerad i jakten på skönhet, sanning och anslutning. Din kreativitet är inte en relik från det förflutna utan en ledstjärna för de okända vägarna framåt - en väg där tekniken inte är en överherre, utan en pålitlig följeslagare i jakten på ett liv rikt med mening.

Och så, när du bläddrar på sista sidan av detta kapitel, låt det tjäna som både en avslutning och en början - en början på en pågående dialog mellan maskinlogikens precision och den mänskliga existens råa, oredigerade kadens. I varje utmaning ligger en möjlighet, i varje automatiserad uppgift en chans att återta konsten att leva. Resan framåt är oskriven och dess berättelse är din att komponera.

Stig nu upp med beslutsamhet. Låt din digitala assistents mjuka glöd påminna dig om att även om AI kan optimera ditt schema, är det ditt hjärta och sinne som orkestrerar ditt livs symfoni. Våga dig fram, inte som en underordnad teknik, utan som dess mästare - utöva sin kraft för att förstärka din unika kreativa röst. Berättelsen om vår tid dikteras inte enbart av kretsar och kod; det formas i slutändan av andan som vägrar att reduceras till en rad data.

Så fortsätt - utmana varje antagande, omformulera varje förväntning och skapa ett öde som trotsar gränserna för algoritmisk precision. Bygg, förnya och inspirera med en passion som ingen maskin någonsin kan replikera. I denna storslagna gobeläng av framsteg och möjligheter är din berättelse den viktigaste tråden av alla – en påminnelse om att även när AI omdefinierar våra dagars mekanik, kommer den oförutsägbara, livfulla pulsen av mänsklig kreativitet alltid att förbli förändringens verkliga motor.

Ta detta meddelande till hjärtat: medan automatiseringens obevekliga marsch omorganiserar våra rutiner och omfördelar våra roller, kan den inte radera den inneboende önskan att skapa, att ansluta och leva med passion. Din resa handlar inte om att kapitulera för teknik, utan om samarbete - att utnyttja innovationskraften för att lyfta ditt inre geni och omdefiniera vad arbete innebär på dina egna villkor.

Kliv ut från din skärms sken och in i en värld där varje digital impuls balanseras av din pulsens organiska rytm. I varje kalkylerat beslut, **låt din spontana intuition vägleda dig** . Evolutionen som utspelar sig runt dig är inte ett avfärdande av mänskligheten, utan en utmaning att fira den röriga, livfulla och fullständigt oersättliga egenskapen att vara människa.

Nu, beväpnad med vetskapen om att ingen maskin någonsin kan replikera den rika tapeten av dina upplevelser, gå vidare och skriv nästa kapitel i ditt liv. **Låt din kreativitet lysa igenom** varje utmaning och varje seger, och låt partnerskapet mellan mänsklig uppfinningsrikedom och teknisk skicklighet vara grunden på vilken du bygger ett arv av motståndskraft, innovation och kompromisslös autenticitet.

Let the AI Work for You
And Take Care So It Will Care Back

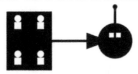

- AI automates tasks, freeing humans for creativity

- Partnership between humans and AI, not replacement

- Technology must be shaped with wisdom and care

- Embrace innovation while preserving humanity

- The future is about collaboration, not surrender

Detta är ditt ögonblick - en uppmaning att resa sig, att bygga och att inspirera . Algoritmerna kan beräkna, robotarna kan arbeta , men bara du kan ge din resa den spontana briljans som förvandlar arbete till konst. Och så, medan den digitala symfonin spelar på i bakgrunden av vår alltmer automatiserade tillvaro, ta kontroll över din berättelse, och se till att varje val du gör resonerar med den otyglade kraften i din mänskliga ande.

Gå fram med ett trotsigt leende, och vet att även om **AI** kan utföra uppgifter med oklanderlig precision, är det din förmåga till passion, din vilja att omfamna ofullkomlighetens kaotiska skönhet och din obevekliga nyfikenhet som kommer att fortsätta att forma en värld som värdesätter inte bara effektivitet, utan hjärta. Det här är inte en överlämnande till tekniken - det är en återvinning av det som verkligen betyder något: det oförutsägbara, det ofiltrerade och den vackert råa essensen av att leva.

Scenen är klar, spelarna är i rörelse och berättelsen om vår tid skrivs fortfarande. Nu är det dags att ingjuta varje rad, varje stycke och varje andetag med den omisskännliga gnistan av din mänsklighet. Låt den digitala revolutionen fungera som en bakgrund till din personliga renässans – ett bevis på att även när maskiner beräknar och optimerar, kommer det oförutsägbara geni i den mänskliga anden alltid att hitta ett sätt att skina igenom.

När du avslutar det här kapitlet och kliver in i morgondagens oändliga möjligheter, kom ihåg:

automatiseringens växlar kan vridas oavbrutet, men hjärtat som slår inom dig är den verkliga motorn för framsteg. Så, **våga störa, våga skapa och våga leva fullt ut mitt i människans och maskinens intrikata dans** . Din berättelse, levande och ständigt utvecklas, är den sista avgörandet av vad som kommer härnäst.

Nu, med övertygelse i varje steg och kreativitet som vägleder varje beslut, **omfamna den osäkra, spännande resan som ligger framför dig. Slå en väg där tekniken fungerar som din betrodda allierade** , vilket gör att du kan utforska nya dimensioner av passion, innovation och genuin koppling. Och när världen runt dig förändras med precisionen av digital logik, låt ditt liv vara ett bevis på den mänskliga andens omätliga kraft - en varaktig ledstjärna som ingen algoritm någonsin kan replikera.

Detta är din uppmaning: bygg djärvt, skapa häftigt och låt varje ögonblick av ditt liv vara en förklaring om att även om maskinerna kan fungera outtröttligt, är det ditt hjärta - rörigt, livfullt och vackert oförutsägbart - som skriver de sista, viktigaste kapitlen i vårt delade öde.

Om författaren

Peter Woodford, BSc (Hons), HND, PRINCE2 Certified, Agile Practitioner, Full Member of Association for Project Management, är en mycket skicklig entreprenör och digital teknikstrateg. Med över två decennier av ledarskapserfarenhet från digitala byråer på toppnivå i London och Singapore har han legat i framkant av teknisk innovation och format det digitala landskapet genom banbrytande affärssatsningar.

Som grundare av flera teknikföretag har Peter spelat en avgörande roll för att främja digital transformation, genom att sömlöst integrera expertis inom projektledning med en sofistikerad förståelse för dataanalys, engagemang av intressenter och banbrytande marknadsföringsstrategier. Hans skicklighet sträcker sig över digital rådgivning, mjukvaruutveckling och storskaliga onlineannonseringskampanjer, där han konsekvent har levererat spetskompetens och mätbar effekt.

Peter är en uppfinnare och visionär och har ett patent tillsammans med en portfölj av registrerade mönster och varumärken, vilket visar hans engagemang för teknisk uppfinningsrikedom. Hans omfattande karriär inkluderar att leda högprofilerade projekt för globala varumärken, hantera budgetar på flera miljoner dollar och leda tvärfunktionella team inom kända byråer som R/GA, Grand Union och UI Centric. Hans portfölj omfattar arbete för framstående kunder inklusive Microsoft, National Geographic, Disney, AOL, MTV, Diageo och PricewaterhouseCoopers.

Peter var med och grundade Viewmy.tv, en banbrytande Internet-TV-plattform som erkänns av BBC Click som den bästa webben, och nådde en topppublik på 6,5 miljoner besökare per månad och över 250 000 följare på sociala medier. Peter presenterade för 180 BBC-anställda om TV:ns framtid. Hans strategiska vision och tekniska insikt har positionerat honom som en ledande auktoritet inom den digitala sektorn, och erbjuder oöverträffad expertis inom utvecklingen av online-affärer och digital innovation. Medan han var på University of Coventry, sponsrade BT Peter för att designa en mobil dator vald av Design Council for Creative Britain Initiative, med i Wired, GQ, Electronics Weekly, T3. Efter att ha lämnat universitetet vann han Shell Technology Placement Scheme UK Award Winner. Han studerar för närvarande Generativ AI i högre utbildning från King's College London och driver ett 50-tal webbplatser.

Peter är en respekterad digital konsult med erfarenhet av att hantera tusentals digitala projekt och designa spjutspetslösningar som har gett honom ett unikt perspektiv på de seismiska förändringarna i tekniken, som leder till hans väg i skrivandet.

Du kan hitta Peter online:
https://www.digitalfishing.com/ - **onlineidentitet**
https://www.peterwoodford.com/ - **digital marknadsföring**
https://www.linkedin.com/in/pwoodford/
https://patreon.com/peterwoodford
https://peterwoodford.substack.com/
https://www.youtube.com/@peterwoodf o rd
https://x.com/peterkwoodford
https://www.tiktok.com/@digitalpeter

https://www.facebook.com/peterwoodfordpage

https://www.amazon.com/author/peterwoodford

Erkännanden

Att skapa **AI JOBCRISIS** har varit ett av de mest råa, spännande och omvälvande kapitlen i mitt liv - en resa som drivs av både brutala utmaningar och enorma triumfer. Den här boken hade aldrig varit möjlig utan det orubbliga stödet, skarpa insikterna och hjärtliga uppmuntran från en mängd otroliga människor.

Först, mitt djupaste tack går till min extraordinära fru, Yosefine. Din orubbliga tro på mig – även när jag inte kunde se vägen framåt – och din uppfriskande ärliga, no-nonsens feedback var mina ledstjärnor genom kaoset. Du har hållit mig förankrad och inspirerat varje steg på vägen.

Jag är evigt tacksam till mina bortgångna föräldrar, John från Skottland och Angie från Trinidad & Tobago. Den kärlek och det stöd du gav mig under min barndom lade grunden för varje framgång och bakslag som har lett mig hit. Även om du inte längre är vid min sida, fortsätter din gränslösa värme och visdom att forma min varje dag, och jag hoppas att den här boken står som en hyllning till ditt arv.

Till mina syskon, Gavin och Tracy - tack för att ni är mina ständiga stöttepelare. Tracy, din lugnande närvaro och milda uppmuntran har talat mycket till mig när orden saknas. Gavin, dina uppriktiga råd och stadiga perspektiv har ständigt drivit mig att växa, både personligt och professionellt.

Den här boken finslipades och berikades av de briljanta sinnen som omgav mig. Till varje vän, mentor och till och med den hårdaste kritikern som delade med sig av sina insikter och utmanade mina idéer, tack för att du lyfte mitt arbete långt utöver vad jag någonsin föreställt mig.

Jag är också tacksam för de otaliga individerna som har följt min resa - oavsett om det är genom mina företag, mina bloggar eller mina tidigare böcker. Ditt engagemang, genomtänkta frågor och olika perspektiv har inspirerat mig att gräva djupare och drömma större.

Slutligen har jag en enorm skuld till banbrytande tänkare, entreprenörer och innovatörer vars orädda idéer om AI, robotik och framtidens arbete tände mycket av passionen på dessa sidor. Deras visioner har varit lika ödmjuka som de är spännande, och tankarna här är lika mycket en återspegling av deras briljans som de är mina egna.

Till alla som spelat en roll - oavsett om det är monumentalt eller subtilt - tack. Den här boken skulle inte existera utan dig. Och till dig, kära läsare, jag älskar dig. Framtiden kan vara vild och osäker, men tillsammans kommer vi att navigera i kaoset och skapa en väg mot en ny sorts möjlighet.

Upphovsrätt

www.ingramcontent.com/pod-product-compliance
Lightning Source LLC
LaVergne TN
LVHW051220050326
832903LV00028B/2186